HÁBITOS

DE

JESÚS

Practiquemos las disciplinas del Maestro

Por
Jay Dennis

EDITORIAL MUNDO HISPANO

Editorial Mundo Hispano

7000 Alabama Street, El Paso, Texas 79904, EE. UU. de A.

www.editorialmundohispano.org

Nuestra pasión: Comunicar el mensaje de Jesucristo y facilitar la formación de discípulos por medios impresos y electrónicos.

Los hábitos de Jesús: Practiquemos las disciplinas del Maestro. © Copyright 2006, Editorial Mundo Hispano. 7000 Alabama Street, El Paso, Texas 79904, Estados Unidos de América. Traducido y publicado con permiso. Todos los derechos reservados. Prohibida su reproducción o transmisión total o parcial, por cualquier medio, sin el permiso escrito de los publicadores.

Publicado originalmente en inglés por Broadman & Holman Publishers, Nashville, Tennessee, bajo el título *The Jesus Habits,* © copyright 2005, por Jay Dennis.

Las citas bíblicas han sido tomadas de la Santa Biblia: Versión Reina-Valera Actualizada. © Copyright 1999, Editorial Mundo Hispano. Usada con permiso.

Traductor: Jorge Enrique Díaz

Primera edición: 2006
Novena edición: 2016

Clasificación Decimal Dewey: 248.84
Tema: Vida cristiana

ISBN: 978-0-311-46293-3
EMH Núm. 46293

1 M 5 16

Impreso en Colombia
Printed in Colombia

Dedico este libro con todo mi amor a
Angie, mi preciosa esposa y mi mejor amiga,
y a mis dos maravillosos hijos, Will y Emily;
a mis extraordinarios y alentadores padres, Bill y Donna Dennis;
a mis suegros E. W. y Millie Poe,
quienes hicieron posible el más grande regalo de Dios para mí
después de mi salvación.

Cada uno de ellos ha traído a mi vida un poco del cielo a la tierra.

RECONOCIMIENTOS

¿Cómo podría agradecer de manera adecuada a las personas que hicieron posible un libro como *Los hábitos de Jesús*? Mi asistente administrativa Beth Miller es un regalo de Dios. Sin ella, este trabajo nunca podría haber sobrevivido ante las presiones de un ocupadísimo pastor. Gracias, Beth, por pensar siempre antes que yo, y a veces pensar por mí.

A los miembros de la *First Baptist Church at the Mall*, quienes aman y animan a su pastor a satisfacer su pasión por escribir, les digo: ¡Gracias! Son ustedes la mejor congregación sobre la tierra.

Gracias a Howe Whitman y Neill Faucett por creer en este proyecto y animarme a salir a cambiar el mundo para Cristo.

Gracias al grupo de varones que me permitió participar de sus reuniones de estudio bíblico los días martes por la mañana, con el fin de que yo pudiera experimentar las ideas que tenía para los estudios de la Biblia, incluyendo *Los hábitos de Jesús*. John Prahl, ¡gracias por ayudarme con este excelente grupo!

Gracias a los hombres que se reunieron en el salón de juegos de mi casa una tarde para animarme tan amorosamente, creyendo en mis sueños y ofreciéndome tan buenos consejos. ¡Muchachos, los aprecio!

Gracias, Gwen Diaz y Karel Zelbovitz, por su increíble ayuda en la edición de este libro.

Gracias, Lew Collier, quien ha llegado a ser como parte de mi familia; y Rob Harper, quien soñó conmigo en cambiar el mundo.

Gracias, Jimmy Draper, por ser mi pastor.

CONTENIDO

INTRODUCCIÓN
LOS HÁBITOS DE JESÚS

El mundo siempre ha estado fascinado con Jesús. Aunque hay quienes creen y quienes no creen en él, todos están interesados en Jesús, el hombre, en quién fue y qué hizo. En el año 2004, la película de Mel Gibson *La pasión de Cristo* puso de manifiesto esta fascinación. Para el año 2005 más del 45% de los estadounidenses ya la ha visto o planea verla. El film hizo que todo el mundo hablara de Jesús. Uno de los directores de la película dijo: "Nadie puede pasar los siete días de la semana con Jesús y no ser influenciado por él". Su vida trasciende las épocas, la geografía, las razas, las sociedades y las fronteras de género. Kenneth Scott Latourette dijo: "Mientras los siglos pasan, se acumulan evidencias que, medidas por su efecto sobre la historia, demuestran que Jesús es la vida que más influencia ha tenido sobre el planeta".

Napoleón Bonaparte dijo de Jesús:

Conozco a los hombres, y digo que Jesucristo no es un hombre. Las mentes superficiales ven una semejanza entre Cristo y los fundadores de imperios o los dioses de otras religiones. Esa similitud no existe. Entre el cristianismo y cualquiera otra religión hay una distancia infinita... Todo en Cristo me sorprende. Su espíritu me cautiva y su voluntad me confunde. No hay ningún posible grado de comparación entre él y cualquier otro hombre de la historia. Él es un ser único. Sus ideas y sus sentimientos, la verdad que proclama y su manera de convencer no se explican ni por la organización humana ni por la naturaleza de las cosas... He buscado en la historia a alguien parecido a Jesucristo o algo que se aproxime al evangelio y ha sido en vano[1].

Los hábitos de Jesús, 31 de ellos, constituyen eventos observables en la vida de Jesucristo. Él es el ejemplo máximo de una vida exitosa. Las buenas nuevas para usted y para mí son que cada uno de estos hábitos puede ser imitado; son hábitos que pueden ser puestos en práctica en nuestra vida diaria. A través de los siglos, muchos líderes han sido vistos como modelos dignos de imitar, pero nadie es más digno de ser imitado que Jesucristo. Jesús dijo: "Porque ejemplo os he dado, para que así como yo os hice, vosotros también hagáis" (Juan 13:15). Posteriormente, nos dio la llave para la felicidad, y esto nos permite hacer lo mismo que él hizo. "Si sabéis estas cosas, bienaventurados sois si las hacéis" (Juan 15:17). *Bienaventurados,* significa "ser felices". La felicidad viene por practicar un sistema de hábitos, *los hábitos de Jesús.*

La idea para redactar este libro comenzó cuando el Señor puso en mi corazón el leer los Evangelios desde la perspectiva de lo que Jesús hizo y no solamente de lo que él enseñó. Sin embargo, todo lo que Jesús enseñó fue puesto en práctica por él. Comencé escribiendo algunas notas en los márgenes de mi Biblia. Después, al revisarlas, me di cuenta de cuántas veces había escrito la palabra *hábito* al lado de algo que Jesús hizo y ¡las conté!, encontré 31 hábitos bien establecidos que Jesús practicó. William Paley dijo: "Una gran parte de la virtud cristiana consiste en practicar los hábitos correctos". Cuando escuchamos la palabra *hábito,* generalmente pensamos en algo negativo, algo que nos puede limitar. Pero los hábitos pueden ser buenos. En *Los hábitos de Jesús* estoy proponiendo cambiar un mal hábito por un hábito de Jesús. Con la ayuda de Dios, usted podrá lograrlo. John Dryden dijo: "Primero formamos nuestros hábitos, luego nuestros hábitos nos dan forma". El doctor Michael Mitchell, autor del libro *Building Strong Families* (Construyendo familias fuertes), dijo: "Aproximadamente el 90% de lo que hacemos cada día es gobernado por los hábitos que poseemos". Un estudio hecho en la Universidad de Princeton, en los Estados Unidos de América, dice que si usted hace la misma cosa cada día durante 38 días consecutivos, eso que usted está haciendo se convertirá en un hábito[2].

Yo soy tu compañía constante; soy tu mejor ayudante o tu peor detractor. Yo te impulsaré hacia delante o te empujaré hacia el fracaso. Estoy completamente a tus órdenes. Tú me necesitas para la mitad de las cosas que haces; y yo estoy listo para hacerlas rápida y correctamente. Soy muy fácil de manejar: sólo tienes que ser firme conmigo. Enséñame exactamente cómo hacer algo y, después de unas pocas lecciones, lo haré automáticamente. Yo soy el más fiel siervo de todos los grandes personajes, y también de todos los fracasados. A los que son grandes, yo los he hecho grandes. A los fracasados, yo lo he hecho fracasar. No soy una máquina, sin embargo, trabajo con la misma exactitud de una máquina. Además trabajo con la inteligencia de un ser humano. Tú puedes usarme para adquirir ganancias o para perderlas: para mí, no hay diferencia. Tómame, entréname, sé firme conmigo, y yo pondré el mundo a tus pies. Sé complaciente conmigo y yo te destruiré. ¿Quién soy? Soy un hábito[3].

El investigador George Barna, en su libro *Think like Jesus* (Piense como Jesús), dice: "Considere el alcance de los beneficios de pensar y vivir como Jesús: se nos ha prometido bienestar físico, estabilidad emocional, la capacidad de tomar mejores decisiones, relacionarnos ventajosamente, mejorar nuestro estilo de vida y salud espiritual. Cuanto más nos dedicamos a imitar los pensamientos y los modelos de conducta de Jesús, Dios está más dispuesto a bendecirnos y utilizarnos para sus propósitos"[4].

Los 31 hábitos de Jesús le conducirán a sus más grandes días de bendición y éxito. Descubrirá que algunos pasajes de la Biblia son utilizados varias veces por razón de sus múltiples aplicaciones.

Deseo que tome en cuenta tres cosas mientras lee este libro:

1. Los hábitos de Jesús también pueden ser sus hábitos.

2. Para hacer de cada hábito una parte de su vida, usted debe estar dispuesto a hacer lo que se le requiera.

3. A través de Jesucristo, usted tiene el poder para dejar un mal

hábito y comenzar a ejercitar un hábito de Jesús. Usted tiene la oración, al Espíritu Santo, la Biblia, la fe y a muchas personas bondadosas que facilitarán su éxito.

Ahora, comencemos el viaje, el viaje más emocionante de su vida, para ejercitar las disciplinas espirituales de Jesús.

EL HÁBITO DE
AISLARSE

PASAJE GUÍA

*Habiéndose levantado muy de madrugada, todavía de noche, Jesús salió
y se fue a un lugar desierto y allí oraba.*

Marcos 1:35

El hábito de Jesús de aislarse momentáneamente, o por un largo tiempo, tenía como propósito retirarse del ruido y las demandas cotidianas para pasar tiempo con Dios, relacionarse con él y permitir que se recargaran sus baterías emociona-

> *La palabra aislamiento significa "apartar a alguien o algo de toda compañía. Un lugar tranquilo, alejado de actividades y personas".*

les y espirituales. Este hábito provee el momento oportuno para elaborar su programa de actividades diarias, no importa cuán ocupado y complicado pueda ser ese programa. Sin embargo, en nuestra sociedad, encontrar un lugar para recluirse se hace cada vez más difícil.

Jesús nos mostró el hábito de aislarse

Jesús sintió cansancio, hambre, agotamiento, sueño, fatiga.

Bostezó.

Sus ojos se ponían rojos y ensangrentados.

Le dolieron los pies.

Su mente se sintió agotada.

Adonde quiera que Jesús fuera, era confrontado por multitudes, demandas, ruido, peticiones, opiniones, consejos, críticas e interrupciones.

Él escuchaba continuamente:

"¡Sáname!"

"¡Tócame!"

"¡Ayúdame!"

"¡Haz algo!"

"¡Intervén!"

"¡Necesito un milagro!"

"¡Soluciona esto!"

"¡Ven acá!"

"¡Ve allá!"

"¡Compruébalo!"

"¡Detenlo!"

"¡Hazlo!"

"¡Muéstramelo!"

"¡Escúchame!"

"¡Dame!"

Las demandas constantes desgastan el cuerpo, vacían las emociones, agotan el espíritu y estresan el alma. Vemos que Jesús se apartaba o aislaba en medio de esas demandas, porque necesitaba ser renovado, restaurado y recargado.

Frecuentemente, Jesús se tomó tiempo para retirarse de la gente, de las presiones y de los ruidos de la vida cotidiana. Aunque nunca fue una persona solitaria, sintió la necesidad de estar solo para refrescarse espiritual y emocionalmente. Tanto como ser humano y verdadero Dios, necesitaba recargar sus baterías espirituales y emocionales. Y si el Hijo de Dios necesitaba aislarse, ¡cuánto más lo necesitamos nosotros! Lo que pasa durante la soledad determina, por lo general, lo que pasa públicamente. Mire hacia atrás y pregúntese cuándo fue que Dios le habló más claramente. Me atrevo a decir que fue durante esos momentos en que usted y Dios estaban a solas.

Cuando Jesús se retiraba, a menudo prefería dos lugares: las orillas del lago y las montañas.

USTED TIENE GUSANOS EN LA CABEZA

¿Gusanos en la cabeza? No podía creer lo que estaba escuchando. En una entrevista de radio, el animador afirmaba: "Todos hemos tenido gusanos en la cabeza". Inmediatamente sentí que algo comenzaba a picarme en el lado derecho de la cabeza. Pero, ¿acaso no había sido vacunado contra los gusanos cuando era niño? ¡Tal vez no!

Pero al hablar de "gusanos en la cabeza", el animador se refería a aquellas canciones que "se pegan", que no podemos sacarnos de la mente. En un artículo titulado: *Los gusanos en la cabeza molestan a las mujeres pero más a los músicos*, se nos enseña que "se meten dentro de la mente. No te sueltan. No hay curación. Esos gusanos pueden atacar a cualquiera en cualquier momento. No, no es una invasión de insectos. Es peor. Gusanos en la cabeza son aquellas canciones, estribillos o melodías que se introducen en la cabeza y 'se nos pegan'".

Piense en esas canciones que se le han metido en la cabeza. Canciones como "El baile del perrito", "La cucaracha", "Sigo siendo el rey", "Los pollitos dicen, pío, pío, cuando tienen hambre, cuando tienen frío". O el estribillo que usa un canal de televisión. Cada uno de nosotros tiene sus gusanos en la cabeza.

La única cura para esos gusanos, y para el ruido que nos bombardea a diario, es un tiempo de callado aislamiento. Mientras escribo este capítulo, mi doctor me tiene prohibido hablar debido a mi condición vocal. Él y mi esposa saben que para que yo pueda mantenerme aislado y en silencio tengo que alejarme de la casa y de la iglesia. Inicialmente, me rehusé, pero sentado en el balcón del condominio de un amigo, mirando hacia el Golfo de México, me siento revitalizado por medio de mi aislamiento[1].

Una vez despedida la gente, subió al monte para orar a solas; y cuando llegó la noche, estaba allí solo (Mateo 14:23).

Al oírlo, Jesús se apartó de allí en una barca a un lugar desierto y apartado. Cuando las multitudes oyeron esto, le siguieron a pie desde las ciudades (Mateo 14:13).

Como Jesús entendió que iban a venir para tomarle por la fuerza y hacerle rey, se retiró de nuevo al monte, él solo (Juan 6:15).

La orilla del mar y las montañas son excelentes ambientes para experimentar a Dios. Sin embargo, estos lugares tal vez tengan que ser reservados para momentos en los cuales usted pueda visitarlos. No es probable que usted disponga de esta clase de escenarios todos los días. El agua habla de la vida, y aun de las tormentas de la vida, pero pasar tiempo con Dios puede sobrepasar esas tormentas. Las montañas hablan de fortaleza para seguir adelante. Pasar tiempo con Dios nos da la fuerza necesaria para tratar con cualquier cosa que sobrevenga en nuestro camino.

¿Por qué Jesús se aislaba con frecuencia?

Para escuchar a Dios el Padre más claramente

Entonces llegó Jesús con ellos a un lugar que se llama Getsemaní, y dijo a los discípulos:

—Sentaos aquí, hasta que yo vaya allá y ore.

Tomó consigo a Pedro y a los dos hijos de Zebedeo, y comenzó a entristecerse y a angustiarse. Entonces les dijo:

—Mi alma está muy triste, hasta la muerte. Quedaos aquí y velad conmigo.

Pasando un poco más adelante, se postró sobre su rostro, orando y diciendo:

—Padre mío, de ser posible, pase de mí esta copa. Pero, no sea como yo quiero, sino como tú.

Volvió a sus discípulos y los halló durmiendo, y dijo a Pedro:

—¿Así que no habéis podido velar ni una sola hora conmigo? Velad y orad, para que no entréis en tentación. El espíritu, a la verdad, está dispuesto; pero la carne es débil.

Por segunda vez se apartó y oró diciendo:

—Padre mío, si no puede pasar de mí esta copa sin que yo la beba, hágase tu voluntad.

Cuando volvió otra vez, los halló durmiendo, porque los ojos de ellos estaban cargados de sueño. Dejándolos, se apartó de nuevo y oró por tercera vez, repitiendo las mismas palabras. Entonces volvió a sus discípulos y les dijo:

—¿Todavía estáis durmiendo y descansando? He aquí la

hora está cerca, y el Hijo del Hombre va a ser entregado en manos de pecadores. ¡Levantaos, vamos! He aquí está cerca el que me entrega (Mateo 26:36-46).

Cuando estaba en el jardín de Getsemaní, Jesús se separó de sus discípulos para poder comprender más claramente la voluntad del Padre. Hay ocasiones en las que el ruido del mundo hace que nuestra capacidad de decisión se ahogue y nuestras opciones sean poco claras. Cuando todos ofrecen sus opiniones, es fácil escuchar el consejo equivocado y es el momento de preguntarnos: "Dios, ¿qué quieres que yo haga?". Como lo demuestra Jesús, esto no siempre será lo más cómodo, pero es necesario y nos traerá claridad acerca de la voluntad de Dios.

Para orar

Una vez despedida la gente, subió al monte para orar a solas; y cuando llegó la noche, estaba allí solo (Mateo 14:23).

Pero él se apartaba a los lugares desiertos y oraba (Lucas 5:16).

Jesús tenía que escaparse para orar. La gente simplemente no lo dejaba el tiempo suficiente como para que él pudiera comunicarse con el Padre. Su retiro demostraba la prioridad de orar en su vida, no sólo por orar sino para tener un tiempo íntimo con el Padre.

Para recargarse espiritual y emocionalmente

Al oírlo, Jesús se apartó de allí en una barca a un lugar desierto y apartado. Cuando las multitudes oyeron esto, le siguieron a pie desde las ciudades (Mateo 14:13).

Y él sanó a muchos que padecían de diversas enfermedades y echó fuera muchos demonios. Y no permitía a los demonios hablar, porque le conocían.

Habiéndose levantado muy de madrugada, todavía de noche, Jesús salió y se fue a un lugar desierto y allí oraba (Marcos 1:34, 35).

LA HORA SILENCIOSA

Una hora de concentración relajada en un negocio puede valer dos horas de tiempo de trabajo normal, de acuerdo con el estudio de gestión de negocios de una empresa en Denver, Estados Unidos de América, según se señala en una exitosa publicación sobre el tema.

"Las interrupciones son el peor enemigo de la creatividad", dice Gary Desmod, uno de los directores del Hoover Berg Desmond (HBD), una empresa de arquitectura que factura unos 30 millones de dólares al año. Para minimizar las interrupciones, Desmond tuvo una idea que parece más afín a la educación de los niños que al desempeño de una corporación: la "hora silenciosa". Cada mañana, de 10:00 a 11:00, ninguna persona en HBD, incluyendo a los directores, puede comunicarse con nadie ni dentro ni fuera de las oficinas. "Básicamente, estamos en sesión en nuestros escritorios durante esa hora", explica Desmond, quien hace asignaciones sólo por llamados de emergencia. "Tratamos de focalizarnos exclusivamente en nuestros apreciados clientes". Inicial-mente, 25 empleados de HBD rechazaron este concepto. "Nuestra administración tuvo que explicar que no se trataba de una respuesta a malos hábitos de trabajo. Era un vehículo para poder concentrarnos más rigurosamente", dice Desmond, si bien ahora también acepta que la "hora silenciosa" también es un excelente estímulo técnico. ¿Qué es lo que los clientes piensan acerca de esto? En primer lugar, la empresa elige no revelar su política hacia afuera. "Muchas otras firmas nos preguntan si servimos leche y galletas en la 'hora silenciosa'", dice Desmond, "pero nosotros continuamos haciéndolo, y ahora estas mismas firmas respetan lo que estamos tratando de lograr todas las mañanas". De hecho, la "hora silenciosa" ha funcionado tan bien, que HBD quiere comenzar una segunda hora, quizás a media tarde. "Todos nuestros empleados desean ahora tener más su 'hora silenciosa'", dice Desmond. "Esto nos muestra que la mayoría de los negocios necesitan seriamente un pequeño espacio de tiempo para pensar"[2].

Jesús había recibido noticias acerca de que su amigo y predecesor Juan el Bautista había sido decapitado. Cuando recibimos una mala noticia, es común que esta nos agote emocionalmente y llegue a ahogarnos espiritualmente. En el caso de Jesús, además, la demanda de milagros y la necesidad de cumplir su ministerio lo agotaban. Por eso, él usaba su tiempo a solas con Dios para renovarse. Nosotros somos más vulnerables a la tentación cuando nuestro espíritu y nuestras emociones están vacíos.

Para comer

Él les dijo:

—Venid vosotros aparte a un lugar desierto, y descansad un poco.

Porque eran muchos los que iban y venían, y ni siquiera tenían oportunidad para comer. Y se fueron solos en la barca a un lugar desierto (Marcos 6:31, 32).

Jesús y sus discípulos estaban demasiado ocupados como para poder comer. Comer es vital para mantener nuestra fuerza física. Pero también ofrece otros beneficios. Algunos de los mejores momentos con Dios pueden darse mientras usted come a solas. Esto no significa que usted se vuelva un antisocial, pero el momento de la comida puede ser una oportunidad para reflexionar, pensar y orar.

> *El gran problema no es que renunciemos a nuestra fe; es que lleguemos a estar tan apresurados y ocupados que nos conformemos con una versión mediocre de ella.*
> *—John Ortberg*

Para obtener la perspectiva correcta

Como Jesús entendió que iban a venir para tomarle por la fuerza y hacerle rey, se retiró de nuevo al monte, él solo (Juan 6:15).

Las multitudes querían un Mesías militar y terrenal, que reinara sobre ellos. Cuando intentaban forzar a Jesús a asumir este rol, él se retiraba para obtener la perspectiva correcta. Alejarse y tomar un respiro es importante para obtener la perspectiva de Dios.

Para aprender a pelear la batalla espiritual

Entonces Jesús fue llevado por el Espíritu al desierto, para ser tentado por el diablo. Y después de haber ayunado cuarenta días y cuarenta noches, tuvo hambre. El tentador se acercó y le dijo:

—Si eres Hijo de Dios, di que estas piedras se conviertan en pan.

Pero él respondió y dijo:

—Escrito está: *No sólo de pan vivirá el hombre, sino de toda palabra que sale de la boca de Dios.*

Entonces el diablo le llevó a la santa ciudad, le puso de pie sobre el pináculo del templo, y le dijo:

—Si eres Hijo de Dios, échate abajo, porque escrito está:

A sus ángeles mandará acerca de ti,

y en sus manos te llevarán,

de modo que nunca tropieces

con tu pie en piedra.

Jesús le dijo:

—Además está escrito: *No pondrás a prueba al Señor tu Dios.*

Otra vez el diablo le llevó a un monte muy alto, y le mostró todos los reinos del mundo y su gloria. Y le dijo:

—Todo esto te daré, si postrado me adoras.

Entonces Jesús le dijo:

—Vete, Satanás, porque escrito está:

Al Señor tu Dios adorarás

y a él solo servirás.

Entonces el diablo le dejó, y he aquí, los ángeles vinieron y le servían (Mateo 4:1-11).

Durante los tiempos de aislamiento, Jesús aprendió a pelear la batalla espiritual. El tentador lo atacaba, pero Jesús aprendía privadamente cómo tratar con el enemigo público número uno: Satanás. Los grandes ataques espirituales llegan indefectiblemente, y nuestras más grandes victorias muchas veces se ganan durante los tiempos de aislamiento.

Para escuchar a Dios

Jesús planificaba los tiempos de aislamiento para poder escuchar a Dios. Nuestro tiempo de silencio no debe estar planificado según lo que queremos decirle a Dios sino para poder escucharlo a él.

¿Cuáles son los enemigos del hábito del aislamiento?

1. Culpabilidad: "Me sentiré culpable si dejo lo que estoy haciendo para pasar unos minutos a solas".
2. Ocupaciones: "Simplemente, no tengo tiempo".
3. Ego: "No puedo alejarme de lo que está pasando, me necesitan".
4. Aburrimiento: "Me voy a aburrir mucho".
5. Inquietud: "No sabré qué decir o qué hacer".
6. Incomodidad: "El silencio me hace sentir raro".
7. Gente: "¿Qué irán a pensar de mí?".

Frecuentemente, los enemigos "ocupación" y "prisa" nos atacan cuando nos sentimos sobrecargados, muy comprometidos y con muchas demandas. Establecer el hábito de aislarse que practicaba Jesús es un antídoto para nuestros males causados por la prisa y la agitación del mundo.

Haga del aislamiento un hábito

1. Permítase tener un tiempo de aislamiento, un retiro espiritual cada día con Dios.

Acepte que no tomar tiempo para aislarse puede producir agotamiento espiritual y emocional. Algunos se sienten culpables por tomarse un tiempo aparte, aunque sea por algunos minutos. Sin embargo, siga practicando el aislamiento y verá que la culpabilidad será reemplazada por un mayor deseo de tomar ese tiempo.

2. Escoja un momento y un lugar específico.

Anótelo en su agenda. Usted debe recordar que tendrá un tiempo y un lugar apartado para utilizar de modo planificado. Si no lo planifica, lo urgente tomará el lugar de lo necesario.

3. Cuando surja la necesidad, no espere, hágalo inmediatamente.

A veces no podemos esperar el tiempo planificado. Algo pasa, alguien dice algo, usted se siente atrapado y la presión aumenta. Es tiempo de decir: "discúlpenme un momento". Tómese unos minutos para recobrar su compostura.

4. Sea honesto con lo que está haciendo.

Permita que las personas conozcan de antemano que usted necesita algún tiempo para pensar y orar. Hay poder en la honestidad. La gente tal vez no lo entienda, pero cuando usted diga "Necesito orar sobre esto" o "Necesito un poco de tiempo para pensarlo", merecerá el respeto de los demás. Asegúrese que no sea una excusa o una técnica para posponer una decisión.

CUATRO AYUDAS PARA FORMAR EL HÁBITO DE AISLARSE

1. Meditación

La meditación bíblica implica vaciar su mente para llenarla con la Palabra de Dios. Significa desconectarse del mundo y conectarse con un pasaje específico de las Escrituras o con uno de los atributos de Dios. Cancele toda actividad durante un tiempo específico. Enfóquese en Jesús y en las palabras de la Biblia.

"Nunca se aparte de tu boca este libro de la Ley; más bien, medita en él de día y de noche, para que guardes y cumplas todo lo que está escrito en él. Así tendrás éxito, y todo te saldrá bien" (Josué 1:8).

2. Desconexión

Cada día debemos tener un tiempo para desconectarnos de la computadora, del teléfono, del teléfono celular, del "beeper", del aparato reproductor de videos, del televisor, de la radio. En otras palabras, desengancharnos de cualquier cosa que suene, haga ruido, brille o diga: "tiene un e–mail". En los deportes se llama: "pedir tiempo" o *time out*.

3. Concentración

Necesitamos tiempo para estar en quietud y escuchar solamente a Dios. Frecuentemente, nos movemos demasiado rápido como para escuchar lo que Dios tiene para decirnos. La concentración es una manera de practicar el silencio delante de Dios. Nosotros pensamos deliberadamente acerca de Dios.

4. Relajamiento

El aislamiento nos permite relajarnos, respirar con normalidad y efectuar una pausa. El aislamiento no significa la separación del mundo. Es, sin embargo, una pausa con el propósito de recargar las baterías humanas. Jesús no se apartó del mundo de modo permanente, rechazando su compromiso con la cultura que venía a transformar. Todo lo que usted necesita es un lugar de aislamiento donde no haya interrupciones, sin ruido y sin nadie a su alrededor. Puede tratarse simplemente de cerrar la puerta de su cuarto, de un paseo, de una salida fuera de la ciudad o de sentarse debajo de un árbol. Use su creatividad para encontrar otros lugares. Necesitamos un tiempo breve de soledad cada día, y cada uno o dos meses necesitamos un tiempo más extenso para estar a solas. Estos tiempos deben tener prioridad en su calendario personal. No puedo describir el sentimiento de paz y relación con Dios debido a que deliberadamente decidí tener un tiempo de aislamiento.

5. Experimente diferentes lugares.

Pruebe diferentes cuartos, vaya afuera, maneje hacia algún lugar tranquilo, camine. Descubrirá que diferentes lugares cubren diferentes necesidades.

6. No se exponga a interrupciones teniendo a mano un teléfono celular, una computadora o una radio.

El aislamiento no es posible si usted está preocupado por revisar su correo electrónico o pendiente de su teléfono celular. La vida continuará sin usted por algunos minutos. Será difícil al principio, pero llegará a amar estos momentos de quietud.

7. Tenga un pasaje específico de las Escrituras en el cual pensar o meditar.

Tenga un plan para saber qué pasaje de las Escrituras usará para permitir que Dios le hable. El método de abrir la Biblia al azar no es un buen plan. Un buen plan es el que facilita la lectura de toda la Biblia en un año.

8. Lleve su Biblia, un cuaderno de apuntes y un lápiz.

Escriba las percepciones, los pensamientos y las ideas que Dios le da. Tenga siempre una copia de la Biblia a mano y tome notas. Lleve un diario de las percepciones que Dios le da, si no lo hace, probablemente las olvidará. Recibirá mucho ánimo cuando vuelva a revisar cómo Dios habló con usted. Además, escribir sus pensamientos tiene un efecto terapéutico.

9. Guarde silencio, quédese quieto, escuche.

Aprenda a quedarse quieto. Quizá puede designar esta actitud como un "santo llamado a cerrar la boca". Encontrarse con Dios gira en torno de escucharlo a él. Un mundo lleno de apuros y urgencias requiere disciplina para aprender a estar quieto.

10. Dígale a Dios que volverá a estar con él mañana a la misma hora.

Hágale una promesa. Anticipe su tiempo con Dios. Si está preocupado, inquieto, frustrado o perturbado, ponga todo esto en el archivo "tiempo de aislamiento" y confróntelo.

EL HÁBITO DE
ORAR

PASAJE GUÍA

Aconteció que, estando Jesús orando en cierto lugar,
cuando terminó, uno de sus discípulos le dijo:
—Señor, enséñanos a orar, como también Juan enseñó a sus discípulos.

Lucas 11:1

El hábito de Jesús de orar implica el tomar la decisión de vivir en una atmósfera, ya sea a una hora establecida o espontáneamente, en la cual usted…

- alaba a Dios,
- agradece a Dios,
- confiesa sus pecados a Dios,
- intercede por otras personas,
- presenta sus peticiones personales a Dios.

Jesús nos mostró cómo orar

Los discípulos escucharon a escondidas cuando Jesús oraba. Y estaban tan emocionados por lo que habían escuchado que le pidieron que les enseñara a orar como él lo hacía. Esa es la clave: aprender a orar como Jesús oraba. Ellos vieron el poder de Jesús y lo relacionaron con su oración.

En el momento en que usted se despierta cada mañana, todos sus deseos y esperanzas para el día corren hacia usted como animales salvajes. Y el primer trabajo de cada mañana consiste en empujar todas esas cosas hacia fuera, en escuchar esa otra voz, en tomar ese otro punto de vista, dejando que esa otra vida, más grande, más fuerte y más tranquila comience a fluir.

—C. S. Lewis

Cuándo oraba Jesús

Obtengamos una mejor idea de las ocasiones en las que Jesús oró y el significado que ellas tienen para nuestra propia vida.

Él oró muy temprano por la mañana

Habiéndose levantado muy de madrugada, todavía de noche, Jesús salió y se fue a un lugar desierto y allí oraba (Marcos 1:35).

¿Por qué es importante orar por la mañana?

1. Para prepararnos para el día.
2. Para estar listos para la batalla espiritual.

Él oró por la noche, y algunas veces toda la noche

Aconteció en aquellos días que Jesús salió al monte para orar, y pasó toda la noche en oración a Dios (Lucas 6:12).

Hay ocasiones cuando orar es más importante que dormir.

**LA ORACIÓN
Y EL FRANCOTIRADOR**

Cincuenta choferes de grandes camiones de carga se reunieron en oración para que el francotirador que tenía aterrorizada el área de Washington, la capital de los Estados Unidos de América, pudiera ser capturado. El malhechor había matado a 10 personas y herido a otras tres cerca de la capital de la nación. Ron Lantz planeaba retirarse como chofer en los próximos días. Ni siquiera vivía en el área, pero estaba seguro de que Dios respondería sus oraciones.

Poco después, se encontraba escuchando la radio mientras manejaba por la región. De pronto, se sintió movido a salirse de la carretera hacia un área de descanso. Estaba a pocos kilómetros de donde se había tenido la reunión de oración. Mientras estacionaba el camión, se sorprendió al ver exactamente frente a él un automóvil similar al que había sido descrito por radio. Leyó cuidadosamente los números y letras de la placa de identificación del auto-móvil. Un frío corrió por su espalda cuando se dio cuenta de que los datos coincidían con la información. Llamó al número 911 (número de emergencia en los Estados Unidos de América) rápidamente, y permaneció en el lugar hasta que llegó la policía. Fueron los 15 minutos más largos de su vida. Mientras tanto, había atravesado su camión para tapar la salida. Así no había una vía de escape para estos asesinos. El resto es historia. Los francotiradores fueron apresados sin problemas. El testimonio de Ron se está conociendo alrededor del mundo. Es un testimonio que muestra el poder de la oración. Además, cuando se le preguntó a Ron qué haría con el dinero de la recompensa, en un acto sin precedentes, mostrando su verdadero carácter, dijo que entregaría el medio millón de dólares que le correspondía a las familias de las víctimas[1].

Cómo oraba Jesús

Él oró con las personas y no solamente por ellas

Aconteció, como ocho días después de estas palabras, que tomó consigo a Pedro, a Juan y a Jacobo, y subió al monte a orar (Lucas 9:28).

Tome tiempo para orar con su familia y amigos. Si usted promete orar, ore inmediatamente o escriba su propósito para orar después.

Él oró continuamente

Jesús nunca dejó de orar.

Les refirió también una parábola acerca de la necesidad de orar siempre y no desmayar (Lucas 18:1).

Jesús oró

● Mirando hacia arriba.

Jesús habló de estas cosas, y levantando los ojos al cielo, dijo: Padre, la hora ha llegado. Glorifica a tu Hijo para que el Hijo te glorifique a ti (Juan 17:1).

● Arrodillado.

Y él se apartó de ellos a una distancia como de un tiro de piedra, y puesto de rodillas oraba (Lucas 22:41).

● Postrado.

Pasando un poco más adelante, se postró sobre su rostro, orando y diciendo:

—Padre mío, de ser posible, pase de mí esta copa. Pero, no sea como yo quiero, sino como tú (Mateo 26:39).

● Antes de tomar grandes decisiones.

Aconteció en aquellos días que Jesús salió al monte para orar, y pasó toda la noche en oración a Dios (Lucas 6:12).

● Después de una gran victoria.

Una vez despedida la gente, subió al monte para orar a solas; y cuando llegó la noche, estaba allí solo (Mateo 14:23).

● Para vencer la tentación.

Después de salir, se fue, como solía, al monte de los

Olivos; y sus discípulos también le siguieron. Cuando llegó al lugar, les dijo:

—Orad que no entréis en tentación.

Y él se apartó de ellos a una distancia como de un tiro de piedra, y puesto de rodillas oraba (Lucas 22:39-41).

• Para glorificar a Dios el Padre.

Padre, la hora ha llegado. Glorifica a tu Hijo para que el Hijo te glorifique a ti (Juan 17:1).

• Con un motivo correcto.

Y ésta es la vida eterna: que te conozcan a ti, el único Dios verdadero, y a Jesucristo a quien tú has enviado (Juan 17:3).

• Para tener intimidad con Dios.

Ahora pues, Padre, glorifícame tú en tu misma presencia, con la gloria que yo tenía en tu presencia antes que existiera el mundo (Juan 17:5).

• Para no dejar algo sin cumplir.

Cuando yo estaba con ellos, yo los guardaba en tu nombre que me has dado. Y los cuidé, y ninguno de ellos se perdió excepto el hijo de perdición, para que se cumpliese la Escritura (Juan 17:12).

• Pidiendo protección alrededor de sus discípulos.

No ruego que los quites del mundo, sino que los guardes del maligno (Juan 17:15).

• Basado en las Escrituras.

Santifícalos en la verdad; tu palabra es verdad (Juan 17:17).

• Para impactar al mundo.

No ruego que los quites del mundo, sino que los guardes del maligno (Juan 17:15).

• Durante una crisis.

Cuando llegó la hora sexta, descendió oscuridad sobre toda la tierra, hasta la hora novena. Y en la hora novena Jesús exclamó a gran voz, diciendo:

—¡*Eloi, Eloi! ¿Lama sabactani?* —que traducido quiere decir:

Dios mío, Dios mío, ¿por qué me has desamparado?—" (Marcos 15:33, 34).

- Ferviente y apasionadamente.

Y angustiado, oraba con mayor intensidad, de modo que su sudor era como grandes gotas de sangre que caían hasta la tierra (Lucas 22:44).

- Mientras moría.

> **Es un hecho glorioso que las oraciones son tomadas en cuenta en el cielo.**
> **—C. H. Spurgeon**

Como a la hora novena Jesús exclamó a gran voz diciendo: —*¡Elí, Elí! ¿Lama sabactani?*—que significa: *Dios mío, Dios mío, ¿por qué me has desamparado?*—... Pero Jesús clamó otra vez a gran voz y entregó el espíritu (Mateo 27:46, 50).

¿Cuáles son los enemigos del hábito de orar?

1. Orar por razones incorrectas.

Pedís, y no recibís; porque pedís mal, para gastarlo en vuestros placeres (Santiago 4:3).

2. Orar mientras se practica un pecado.

Si en mi corazón yo hubiese consentido la iniquidad, el Señor no me habría escuchado (Salmo 66:18).

3. Orar cuando ha mantenido su Biblia cerrada.

El que aparta su oído para no oír la ley, aun su oración es abominable (Proverbios 28:9).

Cuando usted es indiferente a la Palabra de Dios, abandona la Palabra de Dios o evade la Palabra de Dios, esto cierra los oídos del cielo.

4. Orar creyendo que Dios no responderá.

Pero pida con fe, no dudando nada. Porque el que duda es semejante a una ola del mar movida por el viento y echada de un lado a otro. No piense tal hombre que recibirá cosa alguna del Señor (Santiago 1:6, 7).

5. Orar sin que Dios sea prioridad.

Oh hijo de hombre, estos hombres han erigido sus ídolos en sus corazones y han puesto delante de sus rostros aquello que les hace caer en la iniquidad. ¿Habré yo de ser consultado por ellos? (Ezequiel 14:3).

6. Orar con hipocresía.

Cuando oréis, no seáis como los hipócritas, que aman orar de pie en las sinagogas y en las esquinas de las calles, para ser vistos por los hombres. De cierto os digo que ya tienen su recompensa (Mateo 6:5).

7. Orar sin haber perdonado.

Y cuando os pongáis de pie para orar, si tenéis algo contra alguien, perdonadle, para que vuestro Padre que está en los cielos también os perdone a vosotros vuestras ofensas (Marcos 11:25).

Por tanto, si has traído tu ofrenda al altar y allí te acuerdas de que tu hermano tiene algo contra ti, deja tu ofrenda allí delante del altar, y ve, reconcíliate primero con tu hermano, y entonces vuelve y ofrece tu ofrenda.

Reconcíliate pronto con tu adversario mientras estás con él en el camino; no sea que el adversario te entregue al juez, y el juez al guardia, y seas echado en la cárcel. De cierto te digo que jamás saldrás de allí hasta que pagues el último cuadrante (Mateo 5:23-26).

8. Orar mientras hay un conflicto en su matrimonio.

Asimismo vosotras, mujeres, estad sujetas a vuestros maridos, para que si algunos no obedecen a la palabra, también sean ganados sin una palabra por medio de la conducta de sus mujeres, al observar vuestra reverente y casta manera de vivir. Vuestro adorno no sea el exterior, con arreglos ostentosos del cabello y adornos de oro, ni en vestir ropa lujosa; sino que sea la persona interior del corazón, en lo incorruptible de un espíritu tierno y tranquilo. Esto es de gran valor delante de Dios. Porque así también se adornaban en tiempos antiguos aquellas santas mujeres que esperaban en Dios y estaban sujetas a sus propios maridos. Así Sara obedeció a Abraham, llamándole señor. Y vosotras habéis venido a ser hijas de ella, si hacéis el bien y no tenéis miedo de ninguna amenaza.

Vosotros, maridos, de la misma manera vivid con ellas con comprensión, dando honor a la mujer como a vaso más frágil y como a coherederas de la gracia de la vida, para que vuestras oraciones no sean estorbadas (1 Pedro 3:1-7).

9. Orar sin ser miembro de la familia de Dios.

Y acordaos de que en aquel tiempo estabais sin Cristo, apartados de la ciudadanía de Israel y ajenos a los pactos de la promesa, estando sin esperanza y sin Dios en el mundo (Efesios 2:12).

10. Oraciones que nunca han sido hechas.

Codiciáis y no tenéis; matáis y ardéis de envidia, pero no podéis obtener. Combatís y hacéis guerra. No tenéis, porque no pedís (Santiago 4:2).

Haga de la oración un hábito

1. Decida orar; no espere hasta que sienta deseos de hacerlo.

No espere a que le llegue el deseo de orar; orar es un hábito, una decisión, algo que usted debe hacer sin importar cómo se siente. Orar es una disciplina de acción, no un asunto de sentimientos.

2. Haga de la oración una parte de su vida diaria.

Usted puede orar en cualquier lugar y en cualquier momento. Algunas personas llaman a esas oraciones "oraciones flechas"; usted las lanza tan pronto como una necesidad aparece en su vida. No hace falta cerrar los ojos ni arrodillarse.

3. Ore a Dios meditando en su Palabra.

Tome un pasaje de las Escrituras y ore a Dios meditando en su Palabra. Tome las promesas de Dios y repítaselas; haga suyas esas promesas. Recitar las Escrituras es una de las formas más poderosas de orar. Saber que Dios honra su Palabra provee una gran confianza.

4. Decida que nunca tomará una decisión importante sin orar primero.

Tomar decisiones sin buscar la dirección de Dios puede acarrear una multitud de problemas que se podrían evitar. Dé a Dios la oportunidad de conocer su necesidad antes de tomar los asuntos en sus propias manos.

5. Ore antes de salir de su casa por la mañana.

Haga una oración antes de salir por la mañana. Ore por y acerca de ese día. Conságrelo a Dios. Pídale sus bendiciones, protección, ideas y compromisos originados en Dios.

6. Confiese su pecado inmediatamente.

En cuanto usted se dé cuenta de que ha pecado, deténgase y confiese a Dios ese pecado inmediatamente. Póngase en armonía con Dios. El pecado no confesado afectará cada área de su vida y entorpecerá el plan de Dios para usted.

7. Pruebe diferentes posiciones para orar: parado, sentado, arrodillado, postrado.

Experimente, pero recuerde que es la posición del corazón, no la posición del cuerpo, la que Dios observa. Sin embargo, la posición del cuerpo puede ser un indicador de su corazón. Por ejemplo, arrodillarse es una indicación de sumisión a Dios.

8. Ore con sencillez.

Concéntrese en ser genuino delante de Dios, no se preocupe por las palabras que utiliza. La oración es una conversación con Dios, él no se impresiona con el tono de nuestra voz o el volumen. Simplemente, hable con Dios de manera natural.

9. Nunca se rinda: siga orando.

Dios ha prometido bendecir nuestra persistencia. Puesto que la oración debe estar basada en la fe, esta llega a ser una prueba de la seriedad de nuestra fe.

10. Espere respuestas.

Fe es expectativa. Espere que Dios responda a su oración. Dios responderá sus oraciones en una de estas cuatro maneras: "Sí", "No", "Espera" o "Yo tengo para ti algo diferente, algo mejor".

EL HÁBITO DE
ADORAR

PASAJE GUÍA

Porque donde dos o tres están congregados en mi nombre,
allí estoy yo en medio de ellos.

Mateo 18:20

El hábito de Jesús de adorar es una expresión, un encuentro y una experiencia con Dios. Es un encuentro que se inicia al enfocarse en él, y que implica...

> *La adoración cristiana es el momento más grandioso, el más urgente, la más gloriosa acción que puede tomar lugar en la vida humana.*
> **—Karl Barth**

- Alabarlo por quien él es.
- Agradecerle por lo que él ha hecho.
- Confesarle los pecados.
- Rendirle la mente, voluntad y emociones.
- Ofrecerle la vida completa.
- Obedecer lo que él ha dicho que usted haga.
- Pedirle que trabaje en su vida.
- Decirle a otros de su amor hacia él.
- Experimentar un nuevo amor por él y un nuevo compromiso con él.

Jesús nos mostró cómo adorar

Jesús adoró constantemente a Dios el Padre. Se hizo el hábito de estar en la casa de Dios, en el lugar donde mejor podía experimentar a Dios. Jesús nos demostró que la adoración no sólo es personal sino también comunitaria, cuando la compartimos con otros creyentes.

Nos demostró que la casa de Dios es una casa de oración, una casa para escuchar su Palabra y una casa de sanidad donde adoramos a Dios enfocándonos en él dentro de nuestro ser y basados en las Escrituras.

La adoración, sin embargo, no está limitada a la iglesia. La adoración privada nos prepara para la adoración comunitaria. Ir a la iglesia es seguro. Permítame demostrárselo. Un amigo mío me envió un artículo que sugiere que:

- 20% de todos los accidentes fatales ocurren en automóviles.
- 17% de todos los accidentes ocurren en el hogar.
- 11% de los accidentes ocurren a quienes caminan a pie por las calles o aceras.
- 16% de todos los accidentes ocurren al viajar por avión, tren o barco.
- Del 33% de los accidentes restantes, el 32% ocurre en los hospitales.

Aquí está la buena noticia: solamente el 1% del total de las muertes ocurre en los servicios de adoración en una iglesia. Por lo tanto, uno de los lugares más seguros sobre la tierra es el servicio de adoración. Podríamos inventar una etiqueta para pegar en los automóviles que dijera: *IR A LA IGLESIA PUEDE SALVAR SU VIDA.*

Jesús fue consistente al adorar

En ese momento Jesús dijo a la multitud:

—¿Como contra un asaltante habéis salido con espadas y palos para prenderme? Cada día me sentaba enseñando en el templo, y no me prendisteis (Mateo 26:55).

Jesús podía ir al templo cada día, demostrando la consistencia e importancia de la adoración comunitaria. Adorar debe ser un estilo de vida; no debe limitarse a un día de la semana en particular.

Jesús tenía pasión por la casa de Dios

Sus discípulos recordaron que estaba escrito: *El celo por tu casa me consumirá* (Juan 2:17).

La palabra *celo* significa "pasión, fervor, entusiasmo". Jesús fue un apasionado de la casa de Dios, porque este era el lugar donde la gente podía encontrar a Dios.

Jesús demostró que llevar a los niños a la casa de Dios debe ser una prioridad

Pero los principales sacerdotes y los escribas se indignaron cuando vieron las maravillas que él hizo, y a los muchachos que le aclamaban en el templo diciendo:

—¡Hosanna al Hijo de David!

Y le dijeron:

—¿Oyes lo que dicen éstos?

Jesús les dijo:

—Sí. ¿Nunca leísteis: *De la boca de los niños y de los que maman preparaste la alabanza?* (Mateo 21:15, 16).

Llevar a los niños a la iglesia les ayuda a tener una brújula moral y espiritual. Jesús quiere a los niños en la iglesia.

Jesús comprendió que las personas tienen hambre de escuchar la Palabra de Dios

Pero no hallaban manera de hacerle algo, porque el pueblo le escuchaba con mucha atención (Lucas 19:48).

En todas las personas hay un deseo interno por escuchar la enseñanza, la explicación y aplicación de la Palabra de Dios. La Biblia no desanima a las personas; ellas se desaniman cuando escuchan a alguien que utiliza la Biblia, pero cuyas actitudes no son correctas.

Y todo el pueblo venía a él desde temprano para oírle en el templo (Lucas 21:38).

La adoración no es solamente lo que decimos o cantamos; la adoración es, además, escuchar a Dios y escuchar atentamente lo que Dios desea decirnos.

Jesús incluyó el dar como una parte esencial de la adoración

Estando Jesús sentado frente al arca del tesoro, observaba cómo el pueblo echaba dinero en el arca. Muchos ricos echaban mucho (Marcos 12:41).

Jesús sabía lo que cada uno daba con su ofrenda. Todavía lo sabe. Dios no necesita nuestro dinero, sin embargo, todos necesitamos darlo urgentemente para expresar nuestra fe y obediencia, "Porque donde esté tu tesoro, allí también estará tu corazón" (Mateo 6:21).

POR EL BIEN DE LOS NIÑOS

En un artículo de Neil MacQueen titulado: *Muy bueno para ser cierto* se afirma lo siguiente: "Existe una buena investigación basada en estadísticas confiables acerca de un programa que puede:

- Incrementar ocho años el promedio de vida de sus niños.
- Reducir significativamente el uso y riesgo del alcohol, el tabaco y las drogas.
- Reducir dramáticamente el riesgo de cometer un delito.
- Mejorar su actitud en la escuela e incrementar su participación escolar.
- Reducir el riesgo de rebeldía.
- Reducir la probabilidad de que distribuyan bebidas alcohólicas en la escuela.
- Mejorar sus probabilidades de una vida feliz.
- Proveer una brújula moral para toda su vida.
- Recordar que deben colocarse el cinturón de seguridad más frecuentemente.

¿Cree usted que existe tal clase de programa? Sí. Existe. Y está sostenido por investigaciones de las universidades de Duke, de Indiana, de Michigan, del Centro para el Control de las Enfermedades, del Grupo de Investigación Barna y del Instituto Nacional de Investigación para el Cuidado de la Salud de los Estados Unidos de América. ¿Qué le parece si le digo que ese programa es gratis y que solamente toma dos horas a la semana? No es un sueño. El programa se llama: 'participación activa en una iglesia'"[1].

Veamos ahora cuál es la situación de nuestra generación en cuanto a asistir a la iglesia.

Sólo el 41% de los estadounidenses asiste a los servicios de la iglesia durante un fin de semana típico. Cada nueva generación incrementa la falta de asistencia a la iglesia[2]. Los padres de niños menores de 18 años dijeron estar muy ocupados para ir a la iglesia[3]. "Los adultos que asistieron a la iglesia regularmente cuando eran niños, hoy asisten casi tres veces más que los que no lo hicieron"[4]. Además, Barna muestra la probabilidad de aceptar a Cristo segmentada por edades:

"Los niños entre 5 y 13 años tienen un 32% de probabilidad de aceptar a Jesucristo como su Salvador. La probabilidad de aceptar a Cristo cae a 4% para los que están en las edades entre 14 y 18 años. Los mayores de 18 tienen un 6% de probabilidad de aceptar a Jesucristo como su Salvador"[5].

Usted puede ver fácilmente la importancia de llevar a su hijo o hija a la iglesia. Aun los niños que viven en zonas marginales y que asisten a una iglesia han mejorado su rendimiento académico[6].

Jesús hizo una promesa acerca de la adoración

Porque donde dos o tres están congregados en mi nombre, allí estoy yo en medio de ellos (Mateo 18:20).

La promesa de Jesús no significa que si dos, tres o más cristianos se reúnen, él aparecerá físicamente. Significa que si los creyentes se reúnen con el expreso propósito de adorarlo, permiten que todo lo que se haga y se diga sea acerca de él, y permiten que su agenda sea la única agenda, él estará en medio de ellos. Eso es lo que él desea hacer: guiarnos a un espíritu de reverencia, a la realidad de su santidad y perfección, capacitándonos para servirlo y para que experimentemos su poder limpiador.

¿Cuáles son los enemigos del hábito de adorar?

1. Ocupación: "Estoy muy ocupado para ir a la iglesia".
2. Falta de preparación: "No estoy listo para adorar".
3. Ignorancia: "No sé cómo adorar".
4. Autosuficiencia: "No recibo nada por ir a adorar".
5. Excusas: "Tengo otras cosas que hacer en mi día libre".
6. Distracciones: "Tengo muchas ocupaciones en este momento".
7. Mala experiencia: "Tuve una mala experiencia en la iglesia; fui herido, lastimado y ofendido".

Haga de la adoración un hábito

1. Decida ser un adorador privado y comunitario.

Nada es más importante que adorar a Dios diariamente en privado y, cuando menos, una vez por semana en unión con otros creyentes. Cuando la adoración llega a ser nuestra prioridad, todo lo demás se ordena en el lugar correcto.

2. Encuentre una iglesia que sea doctrinalmente sana (una iglesia que cree, predica y enseña las doctrinas básicas de la fe), que tenga vida, que tenga programas que llenen las necesidades de su familia y esté cerca de su casa para que le permita participar activamente.

Busque con cuidado, pero no con demasiada lentitud. Es vital para su salud espiritual encontrar una iglesia a la cual usted pueda llamar "mi segundo hogar". La iglesia será el lugar visible de su compromiso con Cristo. Asistir a varias iglesias y no comprometerse con ninguna puede conducir a un caos espiritual.

3. Haga el compromiso de ofrecerle a Dios por lo menos dos horas cada domingo.

Comprometa un mínimo de dos horas del domingo para Dios. Habrá excepciones, pero adopte este compromiso como regla general. Ninguna actividad puede reemplazar su presencia en la adoración comunitaria.

4. Decida perdonar si ha sido herido o maltratado en otra iglesia.

No mantenga a todas las iglesias como rehenes a causa de una iglesia que hizo lo incorrecto con usted. Muchas personas se sienten heridas por la iglesia; algunos, legítimamente; pero otros no. En cualquier caso, hay que darse cuenta de que la iglesia está formada por personas imperfectas, pero el Jesús a quien esa iglesia proclama, ese sí es perfecto. Por su propia salud espiritual, permítase terminar con la incredulidad. No todas las iglesias son iguales, de modo que no juzgue mal a todas las iglesias por alguna experiencia que haya tenido en una en particular.

5. Deje todo listo el sábado por la noche, así no siente desánimo y frustración el domingo por la mañana.

Este es un detalle práctico, pero puede hacer una gran diferencia al afrontar un frenético domingo por la mañana. Prepare el sábado por la noche la ropa que usará para ir a la iglesia. Prepare un plan de comida para el domingo. Haga acuerdos con su familia para salir a tiempo.

> **Adorar es la más alta y noble actividad de la cual el hombre, por la gracia de Dios, es capaz.**
> —**John R. W. Stott**

6. Ore cada día por su iglesia y por sus líderes.

Esto le hará sentirse cerca de ellos. La oración le dará un sentido de conexión con la iglesia. Ore por los programas de la iglesia y por el impacto de su iglesia en la comunidad.

7. Tenga una buena Biblia de estudio, en la que pueda tomar notas cuando el mensaje está siendo predicado.

Una buena Biblia de estudio es indispensable. Invierta algo de dinero en ella. No tema subrayarla, colocar un círculo alrededor de ciertas frases o marcar ciertas palabras. Está bien escribir en su Biblia.

8. Escuche la clase de música que en su iglesia cantan.

Familiarícese con la música de su iglesia. Esto le ayudará a participar en la adoración comunitaria de los domingos y le permitirá escuchar más fácilmente a Dios. La música establece un estado de ánimo.

9. Asista a la iglesia con esta idea: "Voy por lo que tengo para ofrecer a Dios, no por lo que pueda obtener de la iglesia".

Usted está ahí para él. Usted irá por Dios. Ese es el motivo por el cual usted asiste a la iglesia cuando podría quedarse durmiendo el domingo por la mañana. Mantenga la perspectiva de que todo se centra en él. A medida que usted crezca en esta actitud, será lleno con la experiencia de la adoración. No se pregunte "¿qué gané en la iglesia hoy?", sino "¿qué le di al Señor hoy en la iglesia?".

10. Invite a otros para que vengan a adorar con usted.

Muchas personas vendrían a la iglesia sólo si fueran invitadas. La gente está interesada en los asuntos espirituales. Pensar lo contrario es un prejuicio desacertado y hasta peligroso. Cualquiera puede invitar a otra persona a asistir a la iglesia.

EL HÁBITO DE
CONSTRUIR RELACIONES

PASAJE GUÍA

Pasando de allí más adelante, Jesús vio a un hombre llamado Mateo,
sentado en el lugar de los tributos públicos, y le dijo:
"¡Sígueme!". Y él se levantó y le siguió.
Sucedió que, estando Jesús sentado a la mesa en casa, he aquí muchos
publicanos y pecadores que habían venido
estaban sentados a la mesa con Jesús y sus discípulos.
Mateo 9:9, 10

El hábito de Jesús de construir relaciones conlleva el tomar la iniciativa para conocer a otras personas, más allá de lo superficial, sean estas cristianas o no, con el propósito de impactarlas para el Señor y conocer sus necesidades personales por medio de esa relación.

> *Más personas han llegado a ser parte de la iglesia por la amabilidad del verdadero amor cristiano que por todos los argumentos teológicos en el mundo.*
> **—William Barclay**

Jesús nos mostró cómo construir relaciones

Para Jesús, construir relaciones fue una prioridad, él sabía que la relación era la llave del corazón de las personas. Sus encuentros nos muestran múltiples maneras de construir esas relaciones y nos enseñan que el mundo puede ser cambiado comenzando con nuestras actuales relaciones. Jesús construyó puentes hacia las personas para mostrarles el amor de Dios. Tenía amigos cercanos como Santiago, Juan, Pedro, Lázaro, María Magdalena y Marta. Con muchos de ellos construyó una relación con el propósito de atraerlos hacia él. Si usted desea influenciar a alguien, debe acercársele.

LOS MORMONES HAN ENCONTRADO EL SECRETO

No siempre se puede enseñar la Biblia de persona a persona. Y llamar puerta a puerta, aunque sea una tarea meritoria, no es la manera más efectiva de dar a conocer a Jesús.

Después de hacer una encuesta, los mormones descubrieron que el promedio de conversiones por estos medios era de 0,1%. Por cada 1.000 puertas que tocaban, sólo una familia se convertía. También descubrieron que el promedio de conversiones entre las personas invitadas a reuniones en hogares fue del 50%. Por ese medio estaban convirtiendo al 50% de sus amigos. No estoy de acuerdo con la teología de los mormones, pero podemos aprender una lección de ellos y la lección es esta: NECESITAMOS HACER AMISTAD CON LA GENTE[1].

Jesús tomó la iniciativa para construir relaciones

Cuando Jesús se enteró de que los fariseos habían oído que Jesús hacía y bautizaba más discípulos que Juan (aunque Jesús mismo no bautizaba, sino sus discípulos), dejó Judea y se fue otra vez a Galilea. Le era necesario pasar por Samaria; así que llegó a una ciudad de Samaria llamada Sicar, cerca del campo que Jacob había dado a su hijo José. Estaba allí el pozo de Jacob. Entonces Jesús, cansado del camino, estaba sentado junto al pozo. Era como la hora sexta. Vino una mujer de Samaria para sacar agua, y Jesús le dijo:

—Dame de beber.

Pues los discípulos habían ido a la ciudad a comprar de comer. Entonces la mujer samaritana le dijo:

—¿Cómo es que tú, siendo judío, me pides de beber a mí, siendo yo una mujer samaritana? —porque los judíos no se tratan con los samaritanos—.

Respondió Jesús y le dijo:

—Si conocieras el don de Dios, y quién es el que te dice: "Dame de beber", tú le hubieras pedido a él, y él te habría dado agua viva.

La mujer le dijo:

—Señor, no tienes con qué sacar, y el pozo es hondo. ¿De dónde, pues, tienes el agua viva? ¿Acaso eres tú mayor que nuestro padre Jacob quien nos dio este pozo y quien bebió de él, y también sus hijos y su ganado?

Respondió Jesús y le dijo:

—Todo el que bebe de esta agua volverá a tener sed. Pero cualquiera que beba del agua que yo le daré, nunca más tendrá sed, sino que el agua que yo le daré será en él una fuente de agua que salte para vida eterna.

La mujer le dijo:

—Señor, dame esta agua, para que no tenga sed, ni venga más acá a sacarla.

Jesús le dijo:

—Ve, llama a tu marido y ven acá.

Respondió la mujer y le dijo:

—No tengo marido.

Le dijo Jesús:

—Bien has dicho: "No tengo marido"; porque cinco maridos has tenido, y el que tienes ahora no es tu marido. Esto has dicho con verdad.

Le dijo la mujer:

—Señor, veo que tú eres profeta. Nuestros padres adoraron en este monte, y vosotros decís que en Jerusalén está el lugar donde se debe adorar.

Jesús le dijo:

—Créeme, mujer, que la hora viene cuando ni en este monte ni en Jerusalén adoraréis al Padre. Vosotros adoráis lo que no sabéis; nosotros adoramos lo que sabemos, porque la salvación procede de los judíos. Pero la hora viene, y ahora es, cuando los verdaderos adoradores adorarán al Padre en espíritu y en verdad; porque también el Padre busca a tales que le adoren. Dios es espíritu; y es necesario que los que le adoran, le adoren en espíritu y en verdad.

Le dijo la mujer:

—Sé que viene el Mesías —que es llamado el Cristo—.
Cuando él venga, nos declarará todas las cosas.

Jesús le dijo:

—Yo soy, el que habla contigo.

En este momento llegaron sus discípulos y se asombraban
de que hablara con una mujer; no obstante, ninguno dijo:
"¿Qué buscas?" o "¿Qué hablas con ella?". Entonces la mujer dejó su cántaro, se fue a la ciudad y dijo a los hombres:

—¡Venid! Ved un hombre que me ha dicho todo lo que he
hecho. ¿Será posible que éste sea el Cristo?

Entonces salieron de la ciudad y fueron hacia él.

Mientras tanto, los discípulos le rogaban diciendo:

—Rabí, come.

Pero les dijo:

—Yo tengo una comida para comer que vosotros no sabéis.

Entonces sus discípulos se decían el uno al otro:

—¿Acaso alguien le habrá traído algo de comer?

Jesús les dijo:

—Mi comida es que yo haga la voluntad del que me envió
y que acabe su obra. ¿No decís vosotros: "Todavía faltan
cuatro meses para que llegue la siega"? He aquí os digo:
¡Alzad vuestros ojos y mirad los campos, que ya están
blancos para la siega! El que siega recibe salario y recoge
fruto para vida eterna, para que el que siembra y el que
siega se gocen juntos. Porque en esto es verdadero el dicho:
"Uno es el que siembra, y otro es el que siega". Yo os he
enviado a segar lo que vosotros no habéis labrado. Otros
han labrado, y vosotros habéis entrado en sus labores.

Muchos de los samaritanos de aquella ciudad creyeron en
él a causa de la palabra de la mujer que daba testimonio
diciendo: "Me dijo todo lo que he hecho" (Juan 4:1-39).

Jesús se acercó a la mujer en el pozo. Él tomó la iniciativa. Él
creó una atmósfera de confianza y amor para que ella pudiera bajar
sus defensas y abrirse a sus palabras. No espere que las personas se
acerquen a usted. Acérquese usted a ellas. Dé el primer paso.

Jesús no permitió que los prejuicios afectaran la construcción de una relación

Pasando de allí más adelante, Jesús vio a un hombre llamado Mateo, sentado en el lugar de los tributos públicos, y le dijo: "¡Sígueme!". Y él se levantó y le siguió. Sucedió que, estando Jesús sentado a la mesa en casa, he aquí muchos publicanos y pecadores que habían venido estaban sentados a la mesa con Jesús y sus discípulos (Mateo 9:9, 10).

Frecuentemente, la imagen de una persona, o lo que se dice de ella, nos impide construir con ella una relación. Jesús, en cambio, decidía por sí mismo. Él se atrevió a construir relaciones con personas que el mundo, y aun el mundo religioso, habían clasificado como *pecadores.*

> *Si usted demuestra interés en las personas, podrá hacer más amigos en dos meses que todos los que pueda hacer en dos años tratando de que las personas se interesen en usted.*
> *—Dale Carnegie*[2]

Jesús demostró que comer juntos es uno de los mejores momentos para construir relaciones

Habiendo entrado Jesús en Jericó, pasaba por la ciudad. Y he aquí, un hombre llamado Zaqueo, que era un principal de los publicanos y era rico, procuraba ver quién era Jesús; pero no podía a causa de la multitud, porque era pequeño de estatura. Entonces corrió delante y subió a un árbol sicómoro para verle, pues había de pasar por allí. Cuando Jesús llegó a aquel lugar, alzando la vista le vio y le dijo:

—Zaqueo, date prisa, desciende; porque hoy es necesario que me quede en tu casa.

Entonces él descendió aprisa y le recibió gozoso. Al ver esto, todos murmuraban diciendo que había entrado a alojarse en la casa de un hombre pecador. Entonces Zaqueo, puesto en pie, dijo al Señor:

—He aquí, Señor, la mitad de mis bienes doy a los pobres; y si en algo he defraudado a alguno, se lo devuelvo cuadruplicado.

Jesús le dijo:

—Hoy ha venido la salvación a esta casa, por cuanto él también es hijo de Abraham. Porque el Hijo del Hombre ha venido a buscar y a salvar lo que se había perdido (Lucas 19:1-10).

El momento de la comida provee una de las mejores oportunidades para conocer a alguien. Jesús usó frecuentemente el momento de la comida como instrumento para construir relaciones. Este momento provee una atmósfera propicia para que se establezca una conexión con alguien.

LAS SEIS NECESIDADES ESPIRITUALES BÁSICAS

George Gallup dio un discurso en el Seminario Teológico de Princeton (Estados Unidos de América); en su presentación compartió seis necesidades espirituales básicas de los estadounidenses, pero que pueden ser aplicadas a cualquier persona sin importar su nacionalidad, según lo reveló una encuesta e investigación:

1. La necesidad de creer que la vida tiene significado y propósito.

2. La necesidad de una comunidad y relaciones profundas.

3. La necesidad de ser apreciado y respetado.

4. La necesidad de ser escuchado y de escuchar.

5. La necesidad de sentir que uno está creciendo en la fe.

6. La necesidad de ayuda práctica para desarrollar una fe madura[3].

Jesús no se rindió en su empeño de construir una relación con alguien

Pero Jesús se fue al monte de los Olivos, y muy de mañana volvió al templo. Todo el pueblo venía a él, y sentado les enseñaba. Entonces los escribas y los fariseos le trajeron una mujer sorprendida en adulterio; y poniéndola en medio, le dijeron:

—Maestro, esta mujer ha sido sorprendida en el mismo acto de adulterio. Ahora bien, en la ley Moisés nos mandó apedrear a las tales. Tú, pues, ¿qué dices?

Esto decían para probarle, para tener de qué acusarle. Pero Jesús, inclinado hacia el suelo, escribía en la tierra con el dedo. Pero como insistieron en preguntarle, se enderezó y les dijo:

—El de vosotros que esté sin pecado sea el primero en arrojar la piedra contra ella.

Al inclinarse hacia abajo otra vez, escribía en tierra. Pero cuando lo oyeron, salían uno por uno, comenzando por los más viejos. Sólo quedaron Jesús y la mujer, que estaba en medio. Entonces Jesús se enderezó y le preguntó:

—Mujer, ¿dónde están? ¿Ninguno te ha condenado?

Y ella dijo:

—Ninguno, Señor.

Entonces Jesús le dijo:

—Ni yo te condeno. Vete y desde ahora no peques más (Juan 8:1-11).

Jesús no se rindió por el hecho de que esta mujer había sido descubierta en el acto del adulterio. Él la vio como ningún hombre jamás la había visto antes: con amor, bondad y verdad en sus ojos. Esos ojos dijeron: "No me rindo por lo que eres; hay esperanza". A través de las relaciones, las personas pueden cambiar.

> *Jesús tuvo una actitud amigable hacia los pecadores.*
> *—Ron Parrish[4]*

Jesús confirmó que las relaciones son más importantes que las estructuras y las organizaciones

Se encontraba allí cierto hombre que había estado enfermo durante treinta y ocho años. Cuando Jesús lo vio tendido y supo que ya había pasado tanto tiempo así, le preguntó:

—¿Quieres ser sano?

Le respondió el enfermo:

—Señor, no tengo a nadie que me meta en el estanque cuando el agua es agitada; y mientras me muevo yo, otro desciende antes que yo.

Jesús le dijo:

—Levántate, toma tu cama y anda.

Y en seguida el hombre fue sanado, tomó su cama y anduvo. Y aquel día era sábado. Entonces los judíos le decían a aquel que había sido sanado:

—Es sábado, y no te es lícito llevar tu cama (Juan 5:5-10).

Para Jesús, la compasión viene antes que las tradiciones. Esto era exactamente lo opuesto a lo que los fariseos religiosos estaban demostrando.

Jesús construyó una relación en sus últimos momentos, antes de morir

Y le dijo:

—Jesús, acuérdate de mí cuando vengas en tu reino.

Entonces Jesús le dijo:

—De cierto te digo que hoy estarás conmigo en el paraíso (Lucas 23:42, 43).

La última cosa que Jesús hizo antes de morir fue construir una relación. Jesús construyó una relación con uno de los ladrones en la cruz. Él cambió su vida. Generalmente, las relaciones toman tiempo para establecerse, pero una verdadera relación también puede darse en muy poco tiempo.

¿Cuáles son los enemigos del hábito de construir relaciones?

1. Daños del pasado: "He sido dañado en una relación anterior".

2. Orgullo: "Yo no voy a dar el primer paso; yo no necesito a nadie".

3. Prejuicio: "No voy a relacionarme con esa persona".

4. Culpabilidad: "Yo he dicho o hecho algo incorrecto contra esa persona".

5. Múltiples ocupaciones: "No tengo tiempo para construir una relación".

6. Egoísmo: "No quiero dejar nada para establecer una relación".

BIENAVENTURADOS LOS QUE MANTIENEN EL BALANCE

Esta cita fue tomada de un discurso expresado por un alto ejecutivo de Coca Cola: "Imagine que la vida es un juego en el cual usted está haciendo malabarismos con cinco pelotas a la vez. Nómbrelas: trabajo, familia, salud, amigos y espíritu. Usted está tratando de mantener a las cinco pelotas en el aire. Pronto comprenderá que el trabajo es una pelota de hule, goma o caucho. Si se le cae, rebotará y volverá a sus manos. Pero las otras cuatro pelotas: familia, salud, amigos y espíritu son de vidrio. Si usted deja caer cualquiera de ellas, quedarán irrevocablemente rayadas, marcadas, lastimadas, dañadas o aun destruidas. Nunca volverán a ser iguales. Usted debe esforzarse por buscar el balance en su vida"[5].

Haga de la construcción de relaciones un hábito

1. Sea usted mismo: hay que aceptar que a algunas personas usted les va a gustar por ser quien es y a otras no.

No haga el esfuerzo de cambiar sólo para gustarle a alguien. Usted es único. Sí, todos podemos mejorar lo que nos ha sido dado; entonces trabaje para ser mejor. Dios le ha dado una apariencia y una personalidad únicas. Manténgalas siempre en construcción hasta que lleguen a ser mejores, pero sea genuino consigo mismo.

2. Pida cada día por encuentros guiados por Dios en su vida: por las personas que se cruzan en su camino a diario.

Esto hace que la vida cristiana sea muy emocionante: anticiparse a lo que Dios hará en su vida y en las personas que él pondrá en su camino durante el día. Usted nunca sabe los arreglos que Dios ha preparado para usted. Búsquelos durante todo el día.

3. Sea amigable, sonría, exhale amabilidad.

Asegúrese de que el lenguaje de su cara y su cuerpo digan "estoy accesible". Frecuentemente, el primer paso para construir una relación es la manera como usted se presenta a sí mismo. Sea una persona que a la gente le guste ver. No es incorrecto construir relaciones con personas que a usted le gusten mientras que no comprometa sus convicciones bíblicas.

4. Busque en áreas que le sean familiares: trabajo, vecindario, iglęsia, escuela.

Comience dentro de su círculo de influencia. Estoy hablando de la gente con quien usted está en contacto continuamente. Ellas están esperándolo.

5. No espere que alguien se acerque a usted.

Tome la iniciativa. La relación no progresará hasta que usted haga el primer intento. Dé el primer paso. Aun si usted es tímido por naturaleza, asuma el riesgo. La mayoría de las veces, descubrirá que el riesgo bien vale la pena.

6. Concéntrese en otras personas.

Escúchelas. Mírelas a los ojos. Permita que su mente se centre en los demás. Hágales saber cuán interesado está en ellos. Haga que la otra persona sienta que es la persona más importante para usted en ese momento.

7. Sea simpático, compasivo.

Demuestre que está genuinamente interesado en lo que la otra persona está enfrentando. Compasión significa experimentar el dolor del otro e identificarse con ese dolor de una manera amorosa y amable.

8. Esté presente con las personas en tiempos de celebración y de tristeza.

Estar disponible es el ministerio más valioso que se pueda ejercer hacia otra persona. Ninguna cosa puede reemplazar su presencia.

9. Anime por medio de palabras y actos de bondad.

Cualquiera puede desarrollar un espíritu amable y dulce. Tenga en cuenta que las palabras son el primer vehículo para expresar estímulo a alguien.

10. Tenga un buen sentido del humor.

Aprenda a reírse de sí mismo. Mire el lado amable de las cosas. Sea conocido como alguien a quien se le puede hacer una broma y disfrutarla.

11. Sea alguien que da, no alguien que toma.

Regale una Biblia, un buen libro cristiano o un disco compacto. Esté consciente de que una relación implica dar de su tiempo y su energía. Adquiera el hábito de hacer regalos. No hace falta que sean regalos caros, sino que demuestren que usted está pensando en alguien.

12. *Repare relaciones rotas.*

Si usted cometió algún error, busque la manera de corregirlo. La vida es muy breve como para mantener una relación rota. Haga todo lo que pueda para repararla y luego déjela en manos de Dios. Esté dispuesto a hacer lo que sea necesario para asegurarse de que usted ha perdonado o buscado el perdón.

EL HÁBITO DE
TOCAR

PASAJE GUÍA

Él le tocó la mano, y la fiebre la dejó.
Luego ella se levantó y comenzó a servirle.
Mateo 8:15

El hábito de Jesús de tocar es una apropiada afirmación física de la otra persona.

Su toque puede traer vida. No estoy hablando de una resurrección física sino de infundir el don de la vida de entusiasmo. En un mundo caracterizado por la alta tecnología y el anonimato, un toque comunica cuidado, interés, atención, afirmación, entusiasmo y bendición.

Un simple toque puede desarticular las defensas, desactivar lo negativo, complacer al derrotado y liberar al abrumado.

> *Muy frecuentemente desestimamos el poder de un toque, una sonrisa, una palabra amable, un oído que escucha, un cumplido honesto o un muy pequeño acto de interés, todos los cuales tienen el potencial de redirigir una vida.*
> **—Leo Buscaglia**

Su toque puede hacer una gran diferencia en la vida de alguien. Puede tratarse de una palmadita en la espalda o de un golpe en el hombro. Puede ser un choque de manos extendidas. Puede tratarse de tomar la mano de alguien para sostenerla o darle un apretón amigable; también puede ser un abrazo.

Jesús nos mostró cómo tocar a nuestro prójimo

Jesús nos enseñó que hay poder en el contacto físico. En los Evangelios vemos que Jesús usó el toque humano para hacer una diferencia en la vida de las personas. Su toque los dejó animados, sanados, cambiados, afirmados y genuinamente amados.

El toque de Jesús sanó físicamente

Jesús tocó a la suegra de Pedro y la sanó

Él le tocó la mano, y la fiebre la dejó. Luego ella se levantó y comenzó a servirle (Mateo 8:15).

Pedro había cortado la oreja del siervo de un sumo sacerdote; Jesús tocó su oreja y esta sanó instantáneamente

Entonces respondiendo Jesús dijo:

—¡Basta de esto!

Y tocando su oreja, le sanó (Lucas 22:51).

Jesús tocó a un hombre leproso e inmediatamente fue sanado.

Entonces extendió la mano y le tocó diciendo:

—Quiero. ¡Sé limpio!

Al instante la lepra desapareció de él (Lucas 5:13).

Jesús tenía el toque sanador. El toque suyo puede ser un buen acompañante a la sanidad en la vida de otras personas.

El toque de Jesús trajo vida

Al regresar Jesús, toda la gente le recibió gozosa, porque todos le esperaban. Y he aquí vino un hombre llamado Jairo, que era principal de la sinagoga. Se postró a los pies de Jesús y le imploró que fuese a su casa, porque tenía una hija única, de unos doce años, que se estaba muriendo. Mientras él iba, las multitudes le apretujaban.

Y una mujer, que padecía de hemorragia desde hacía doce años (la cual, aunque había gastado todo su patrimonio en médicos, no pudo ser sanada por nadie), se le acercó por detrás y tocó el borde del manto de Jesús. De inmediato se detuvo su hemorragia.

Entonces dijo Jesús:

—¿Quién es el que me ha tocado?

Y como todos negaban, Pedro le dijo:

—Maestro, las multitudes te aprietan y presionan.

Jesús dijo:

—Alguien me ha tocado, porque yo sé que ha salido poder de mí.

Entonces, cuando la mujer vio que no había pasado inadvertida, fue temblando; y postrándose delante de él, declaró ante todo el pueblo por qué causa le había tocado, y cómo había sido sanada al instante. Él le dijo:

—Hija, tu fe te ha salvado. Vete en paz.

Mientras él aún hablaba, vino uno de la casa del principal de la sinagoga para decirle:

—Tu hija ha muerto. No molestes más al Maestro.

Al oír esto, Jesús le respondió:

—No temas; sólo cree, y ella será salva.

Cuando llegó a la casa, no dejó entrar consigo a nadie, sino sólo a Pedro, a Juan, a Jacobo, y al padre y a la madre de la niña. Todos lloraban y lamentaban por ella. Pero él dijo:

—No lloréis. Ella no ha muerto, sino que duerme.

Ellos se burlaban de él, sabiendo que ella había muerto. Pero él la tomó de la mano, y habló a gran voz diciendo:

—Niña, levántate.

Entonces su espíritu volvió a ella, y al instante se levantó. Y él ordenó que le diesen de comer (Lucas 8:40-56).

EL ABRAZO SALVAVIDAS

Esta fotografía ha sido llamada *El abrazo salvavidas*. La imagen llega al corazón por sí misma, pero nos inspira mucho más allá de la emoción cuando conocemos la historia. Se trata de dos gemelas que nacieron prematuramente. Una de ellas tiene su brazo alrededor de la otra. Durante la primera semana de vida, estaban en incubadoras separadas y se esperaba que sobreviviera sólo una de las dos. Sin embargo, una enfermera desafió las reglas del hospital y colocó a las dos niñas en una misma incubadora. La más sana de las dos colocó su brazo sobre el hombro de su hermana en un simpático abrazo. Las pulsaciones del corazón de la pequeña niña comenzaron a estabilizarse y su temperatura subió a la normal*.

* Esta historia fue publicada en la

La hija de Jairo había muerto. Jesús entró donde ella estaba acostada y le tocó la mano. Su toque trajo vida. El toque suyo puede traer vida al dar ánimo.

TERAPIA DE ABRAZOS

Tocar no sólo es agradable: es necesario. Investigaciones científicas informan que la estimulación a través del toque es absolutamente necesaria tanto para nuestro bienestar físico como para nuestra salud emocional. El toque terapéutico, reconocido como una herramienta esencial para la salud, es ahora parte del entrenamiento de las enfermeras en varios de los grandes centros médicos. El toque es usado para aliviar dolor, la depresión y la ansiedad; para reforzar la voluntad de vivir en los pacientes, para ayudar a crecer a los niños prematuros que han sido privados del contacto en sus incubadoras. Varios experimentos han demostrado que el toque puede hacernos sentir mejor a nosotros, a los que nos rodean y provocar cambios físicos evidentes en el que toca y en el que es tocado. Aunque hay varias formas de tocar, nosotros mismos proponemos el abrazo como un medio muy especial para sanar y mantener la salud.

Abrazar...
- Hace que las personas se sientan bien.
- Aleja la soledad.
- Vence los temores.
- Abre puertas a los sentimientos.
- Construye la autoestima.
- Reduce el envejecimiento: los que abrazan se mantienen jóvenes por más tiempo.
- Ayuda a reducir el apetito. Comemos menos cuando estamos alimentados con abrazos... y cuando nuestros brazos están ocupados abrazando a otros.

Abrazar también...
- Libera la tensión.
- Vence el insomnio.
- Mantiene los músculos de los brazos y los hombros en buenas condiciones.
- Le permite estirarse si usted es bajo.
- Le permite flexionarse si usted es alto.
- Es democrático: todos pueden ser abrazados.

Abrazar además...
- Es ecológicamente sano: no contamina el ambiente.
- Es energéticamente eficiente: ahorra calor; es portátil.
- No requiere equipo especial.
- No demanda nada especial: cualquier lugar, desde la puerta hasta una sala de conferencias entre ejecutivos, desde la entrada de una iglesia hasta el campo de fútbol, ¡es un buen lugar para un abrazo!
- Hace que los días felices sean más alegres.
- Hace que los días imposibles sean posibles.
- Imparte sentimientos de pertenencia.
- Llena lugares vacíos en nuestra vida.
- Sigue generando beneficios aun después de que hemos dejado de abrazar[1].

El toque de Jesús devolvió el sentido del oído a un sordo

Y tomándole aparte de la multitud, metió los dedos en sus orejas, escupió y tocó su lengua (Marcos 7:33).

Jesús usó el poder de tocar poniendo sus dedos en las orejas de una persona sorda. Jesús usó su propia saliva y tocó la lengua del hombre. El toque suyo puede provocar que la gente se detenga a escuchar, que lo escuche a usted, que escuche a otros, que escuche a Dios.

El toque de Jesús trajo libertad del temor

Ahora han conocido que todo lo que me has dado procede de ti (Mateo 17:7).

En el monte de la transfiguración, Jesús fue transformado en medio de una nube de gloria. La voz del Padre aterrorizó a Pedro, Jacobo y Juan, los tres discípulos que lo acompañaban. Pero el toque de Jesús calmó sus temores. El toque suyo puede quitar el temor; puede ser una forma de decirle a quien tiene miedo: "Todo va a salir bien".

> **El Principio de Lockyear afirma: "Cada toque deja una impresión".**

El toque de Jesús trajo vista

Entonces les tocó los ojos diciendo:

—Conforme a vuestra fe os sea hecho (Mateo 9:29).

Jesús tocó los ojos de dos hombres ciegos y los sanó. El toque suyo puede permitir que personas vean las cosas de manera diferente.

¿Cuáles son los enemigos del hábito de tocar?

1. Tiempo: "Simplemente no tengo tiempo".
2. Indiferencia: "No pienso en eso".
3. Educación: "No fui criado de esa manera".
4. Temor: "Alguien puede tomarlo de manera equivocada".

Fórmese el hábito de tocar

1. *Pida a Dios cada día la oportunidad de tocar a alguien que lo necesita.*

Esté abierto para que Dios lo guíe hacia alguien que necesita su toque amable. Él puede poner delante de usted a personas inesperadas o llevarlo a lugares inimaginados. Pida a Dios específicamente que le provea encuentros guiados por él, y luego comience a buscarlos.

2. *Practique en su mente cómo va a tocar a las personas.*

Puede tratarse de un apretón de manos, un abrazo (la norma es hombres con hombres, mujeres con mujeres), un golpecito en la espalda, un toque con las manos extendidas o un golpe en el hombro. Sea sensible a la situación acerca de qué clase de toque es necesario.

3. *Sea sumamente cuidadoso con el sexo opuesto.*

El toque del que hablamos no es para coquetear. Es un breve toque de amor. Uno debe ser demasiado cuidadoso cuando trata con el sexo opuesto. Hablamos de un toque tal que nadie pueda imaginar jamás que exprese ninguna otra cosa que interés espiritual.

4. *Permita que su toque esté acompañado de afectuosas palabras de ánimo.*

Permitamos una conexión visual y verbal. Mientras toca, permita que sus palabras digan lo que usted está haciendo con las manos.

5. *Encuentre, también, maneras no físicas de tocar.*

Usted puede tocar a las personas por medio de sus palabras,

LAS MANOS DE CRISTO

Durante la Segunda Guerra Mundial, fue destruido el edificio de una iglesia en Estrasburgo. Después del bombardeo, los miembros de la iglesia revisaron el área para ver los daños. Se alegraron de que la estatua de Cristo con los brazos extendidos aún estuviera en pie. Esa estatua había sido esculpida cientos de años atrás por un gran artista. Al acercarse más, la gente descubrió que ambas manos de Cristo habían sido cortadas cuando se cayó una viga del techo. Posteriormente, un escultor del pueblo ofreció reponer las manos rotas como un regalo para la iglesia. Los líderes de la iglesia se reunieron para considerar la oferta y decidieron no aceptarla. Sintieron que la estatua sin las manos podía ilustrar la idea de que el trabajo de Dios se realiza a través de las manos de su pueblo[2].

correo electrónico, notas, llamadas telefónicas o escribiendo cartas a mano. Algunas veces no es posible tocar físicamente a alguien; en ese caso, estas son maneras en las cuales usted todavía puede concretar un contacto personal.

6. Determine ser las manos de Cristo adonde quiera que va.

Recuerde la estatua de Cristo sin manos. Véase a sí mismo como una extensión de Jesucristo adonde quiera que vaya. Esta es la responsabilidad de cada cristiano.

7. Use el toque para calmar los nervios de alguien.

El toque personal tiene un efecto tranquilizante sobre las personas cuando están nerviosas. Es una manera de decirles: "Todo estará bien" o "Aquí estoy".

8. Utilice el poder de tocar con alguien que esté en un asilo, un hospital, un hogar de ancianos o alguien que haya experimentado una pérdida.

Lo maravilloso acerca del toque es que es móvil, portátil. Lo puede llevar con usted adonde quiera que vaya. No tiene que arrastrarlo junto con un equipo; está con usted.

9. Dé a su esposa y a sus hijos un toque personal cada día.

Tocar a la familia es el toque más importante de todos. Aun si usted no creció en una familia donde "se tocaban", este hábito puede ser aprendido. Un toque a la familia puede echar abajo muchas barreras.

10. Use el poder del toque en lugares donde las personas son vistas como números.

Hay muchos lugares donde se trata a las personas como un número. Como alguien ha dicho: "Necesitamos un toque de lo alto en un mundo de alta tecnología". Anime esos lugares. Sonría a las personas. Hable con ellas. Esté atento a las oportunidades para ayudarlas de alguna forma.

EL HÁBITO DE
CONFRONTAR

PASAJE GUÍA

Él cayó en tierra y oyó una voz que le decía:
—Saulo, Saulo, ¿por qué me persigues?
Y él dijo:
—¿Quién eres, Señor?
Y él respondió:
—Yo soy Jesús, a quien tú persigues.
Hechos 9:4, 5

El hábito de Jesús de confrontar nos lleva a tomar la decisión de tratar con otra persona un asunto controversial o negativo, que puede estar relacionado con esa persona, con uno mismo o con otras personas en un espíritu de amor y verdad, con el único propósito de ayudar a esa persona.

Jesús nos mostró cómo confrontar

La palabra *confrontación* generalmente es vista como una palabra negativa. Significa enfrentar a alguien con un asunto, generalmente sensible, o algún tipo de problema. Ahora, si usted va a confrontarse con alguien, debe recordar que la confrontación debe ser la excepción, no la regla. La confrontación debe surgir sólo después de

> *La verdad conlleva la confrontación. La verdad demanda la confrontación: una confrontación amorosa. Sin embargo, la confrontación nunca termina. Si su primera reacción es acomodarse a los hechos dejando de lado la centralidad de la verdad implicada, algo anda mal.*
> —Francis Shaeffer,
> ***The Great Evangelical Disaster.***

que ciertas condiciones en su propia vida hayan sido satisfechas. Algunas veces, es necesaria la acción firme de hacerle saber a otra persona que está en un error o que está en un problema. La confrontación, cuando se efectúa de la manera correcta, a la manera de Jesús, llega a ser una plataforma para el cambio.

Reconozcamos que la confrontación es difícil e incómoda. No nos gusta. Supongo que si nos gustara, no sería en el espíritu correcto. Jesús fue un confrontador. Trató con los problemas cara a cara. Buscó salidas a situaciones incómodas. No estuvo dispuesto a permitir algo incorrecto sin decir o hacer algo al respecto. Comprendió que los problemas no iban a resolverse solos; una intervención suya era necesaria. El motivo de Jesús para la confrontación siempre fue el amor. El amor debe ser el único motivo para la confrontación.

Jesús no esperó confrontar cuando el asunto requería atención inmediata

Entró Jesús en el templo y echó fuera a todos los que vendían y compraban en el templo. Volcó las mesas de los cambistas y las sillas de los que vendían palomas (Mateo 21:12).

Jesús echó del templo a los cambistas de dinero porque estaban usando la casa de Dios para su ganancia personal. La confrontación de Jesús siempre surgió cuando había una situación que lastimaba los intereses del Padre o los de otras personas. No confrontó con otros porque lo hubieran ofendido. Hay veces en que la confrontación no debe ser evitada. Cuanto más se demora la confrontación, peor se ponen las cosas.

Jesús se confrontó con Satanás

Entonces Jesús fue llevado por el Espíritu al desierto, para ser tentado por el diablo. Y después de haber ayunado cuarenta días y cuarenta noches, tuvo hambre. El tentador se acercó y le dijo:

—Si eres Hijo de Dios, di que estas piedras se conviertan en pan.

Pero él respondió y dijo:

—Escrito está: *No sólo de pan vivirá el hombre, sino de toda palabra que sale de la boca de Dios.*

Entonces el diablo le llevó a la santa ciudad, le puso de pie sobre el pináculo del templo, y le dijo:

—Si eres Hijo de Dios, échate abajo, porque escrito está:

A sus ángeles mandará acerca de ti,

y en sus manos te llevarán,

de modo que nunca tropieces

con tu pie en piedra.

Jesús le dijo:

—Además está escrito: *No pondrás a prueba al Señor tu Dios.*

Otra vez el diablo le llevó a un monte muy alto, y le mostró todos los reinos del mundo y su gloria. Y le dijo:

—Todo esto te daré, si postrado me adoras.

Entonces Jesús le dijo:

—Vete, Satanás, porque escrito está:

Al Señor tu Dios adorarás

y a él solo servirás.

Entonces el diablo le dejó, y he aquí, los ángeles vinieron y le servían (Mateo 4:1-11).

Jesús confrontó a Satanás en el poder y la fuerza del Padre. Nosotros no tenemos poder por nosotros mismos para confrontar a Satanás, solamente podemos hacerlo en el nombre de Jesús. No podemos darle al diablo ni un milímetro de nuestra vida.

Jesús se confrontó con los que vivían en pecado

Pero Jesús se fue al monte de los Olivos, y muy de mañana volvió al templo. Todo el pueblo venía a él, y sentado les enseñaba. Entonces los escribas y los fariseos le trajeron una mujer sorprendida en adulterio; y poniéndola en medio, le dijeron:

—Maestro, esta mujer ha sido sorprendida en el mismo acto de adulterio. Ahora bien, en la ley Moisés nos mandó apedrear a las tales. Tú, pues, ¿qué dices?

Esto decían para probarle, para tener de qué acusarle. Pero Jesús, inclinado hacia el suelo, escribía en la tierra con el dedo. Pero como insistieron en preguntarle, se enderezó y les dijo:

—El de vosotros que esté sin pecado sea el primero en arrojar la piedra contra ella.

Al inclinarse hacia abajo otra vez, escribía en tierra. Pero cuando lo oyeron, salían uno por uno, comenzando por los más viejos. Sólo quedaron Jesús y la mujer, que estaba en medio. Entonces Jesús se enderezó y le preguntó:

—Mujer, ¿dónde están? ¿Ninguno te ha condenado?

Y ella dijo:

—Ninguno, Señor.

Entonces Jesús le dijo:

—Ni yo te condeno. Vete y desde ahora no peques más (Juan 8:1-11).

Jesús confrontó a la mujer que vivía en pecado; pero también confrontó a los fariseos que se autojustificaban como si no fueran pecadores. Hay situaciones en las que debemos confrontar a las personas acerca de la situación pecaminosa de su vida.

PRINCIPIO DEL ENTRENADOR SHULA

Don Shula, entrenador de los Delfines de Miami (un equipo de fútbol americano), le decía a un periodista acerca del error de un jugador durante el entrenamiento:

—Nunca permitimos que se cometa un error sin buscar cómo corregirlo. Los errores no corregidos se multiplican.

Entonces el periodista le preguntó:

—¿Acaso no es mejor dejar pasar una pequeña falla?

Shula respondió:

—¿Qué es una pequeña falla? Pensé en eso todo el día. ¿Qué es una pequeña falla? Lo veo con mis hijos. He dejado que muchas cosas no se corrigieran porque estaba muy cansado. Yo no deseaba una nueva confrontación. Pero los errores no corregidos se multiplican. Usted tendrá que encararlos algún día. Será mejor encararlos en el momento. Si yo pudiera volver a hacerlo con mis hijos, corregiría sus errores inmediatamente. Es más fácil para usted y para ellos. Lo mismo sucede en las relaciones con otras personas. Si hay algo debajo de la superficie que debe ser corregido, sáquelo a la superficie. Encárelo y corríjalo[1].

Jesús se confrontó con su familia

Y como faltó el vino, la madre de Jesús le dijo:

—No tienen vino. Jesús le dijo:

—¿Qué tiene que ver eso conmigo y contigo, mujer? Todavía no ha llegado mi hora.

Su madre dijo a los que servían:

—Haced todo lo que él os diga (Juan 2:3-5).

Aconteció que después de tres días, le encontraron en el templo, sentado en medio de los maestros, escuchándoles y haciéndoles preguntas. Todos los que le oían se asombraban de su entendimiento y de sus respuestas. Cuando le vieron, se maravillaron, y su madre le dijo:

—Hijo, ¿por qué has hecho así con nosotros? He aquí, tu padre y yo te buscábamos con angustia.

Entonces él les dijo:

—¿Por qué me buscabais? ¿No sabíais que en los asuntos de mi Padre me es necesario estar? (Lucas 2:46-49).

Cuando la familia terrena interfería en su decisión de mantener al Padre celestial en el primer lugar, Jesús se confrontó con ellos. Hay ocasiones en las que usted necesitará confrontarse con su familia, especialmente si alguien lo anima a reemplazar el lugar preeminente de Dios por cualquier otra cosa.

Jesús se confrontó con Marta, quien había puesto las cosas antes que a él

Prosiguiendo ellos su camino, él entró en una aldea; y una mujer llamada Marta le recibió en su casa. Esta tenía una hermana que se llamaba María, la cual se sentó a los pies del Señor y escuchaba su palabra. Pero Marta estaba preocupada con muchos quehaceres, y acercándose dijo:

—Señor, ¿no te importa que mi hermana me haya dejado servir sola? Dile, pues, que me ayude.

Pero respondiendo el Señor le dijo:

—Marta, Marta, te afanas y te preocupas por muchas cosas.

Pero una sola cosa es necesaria. Pues María ha escogido la buena parte, la cual no le será quitada (Lucas 10:38-42).

Jesús quiso que Marta supiera que sus ocupaciones y actividades, tan encomiables como eran, nunca debían anteponerse a la adoración que él merecía.

Jesús se confrontó con Saulo en el camino a Damasco

Él cayó en tierra y oyó una voz que le decía:

—Saulo, Saulo, ¿por qué me persigues?

Y él dijo:

—¿Quién eres, Señor?

Y él respondió:

—Yo soy Jesús, a quien tú persigues (Hechos 9:4, 5).

Jesús se confrontó con Saulo, quien había perseguido a sus seguidores. Su confrontación consistió en hacerle saber claramente que estaba equivocado; y luego le dio la oportunidad de creer en él por medio de la fe.

Jesús confrontó a los fariseos que se justificaban a sí mismos y usaban la religión y a Dios para sus propios fines

¡Ay de vosotros, escribas y fariseos, hipócritas! Porque limpiáis lo de afuera del vaso o del plato, pero por dentro están llenos de robo y de desenfreno. ¡Fariseo ciego! ¡Limpia primero el interior del vaso para que también el exterior se haga limpio!

¡Ay de vosotros, escribas y fariseos, hipócritas! Porque sois semejantes a sepulcros blanqueados que, a la verdad, se muestran hermosos por fuera; pero por dentro están llenos de huesos de muertos y de toda impureza (Mateo 23:25-27).

Jesús no seleccionó palabras bonitas y delicadas para aquellos que usaban a Dios para su ganancia personal o para controlar a otros. Cuando la actividad religiosa es puesta por encima de la relación con Cristo, la confrontación es necesaria.

Jesús se confrontó con Pedro por permitir que Satanás lo usara para sugerirle que debía evitar la cruz

Desde entonces, Jesús comenzó a explicar a sus discípulos que le era preciso ir a Jerusalén y padecer mucho de parte de los ancianos, de los principales sacerdotes y de los escribas, y ser muerto, y resucitar al tercer día. Pedro le tomó aparte y comenzó a reprenderle diciendo:

—Señor, ten compasión de ti mismo. ¡Jamás te suceda esto! Entonces él volviéndose, dijo a Pedro:

—¡Quítate de delante de mí, Satanás! Me eres tropiezo, porque no piensas en las cosas de Dios, sino en las de los hombres (Mateo 16:21-23).

Jesús miró más allá de la superficie y fue al corazón de la sugerencia. Él sabía que aquellas palabras venían de Satanás. Hay momentos cuando debemos mirar más allá de lo que alguien está diciendo y comprender que sus ideas pueden venir del enemigo.

Jesús se confrontó con Dios el Padre cuando estaba en la cruz

Como a la hora novena Jesús exclamó a gran voz diciendo:

—¡*Elí, Elí*! ¿*Lama sabactani*? —que significa: *Dios mío, Dios mío, ¿por qué me has desamparado*? (Mateo 27:46).

Jesús fue lo suficientemente honesto con Dios el Padre como para preguntarle "¿Por qué?". Hay ocasiones en las que vamos a sentirnos defraudados por Dios. Expresarle a Dios nuestro sentir no es incorrecto.

> *Usted debe vivir con la gente para conocer sus problemas, y vivir con Dios para saber cómo resolverlos.*
> **—Peter T. Forsyth**

¿Cuáles son los enemigos del hábito de la confrontación?

1. Temor: "Tengo miedo de cómo reaccionará la otra persona".
2. Dejar para más tarde: "No lo haré ahora, esperaré un poco".
3. Expectativas equivocadas: "Puede ser que las cosas mejoren solas".
4. Abdicación: "Que lo haga otro".

Haga de la confrontación un hábito

No sugiero que usted llegue a ser como un "policía espiritual" de sus hermanos, buscando siempre oportunidades para reprimir o regañar a alguien; pero sí que tenga la voluntad o la disposición para confrontar cualquier asunto, en el momento que sea necesario.

1. Antes de confrontarse con alguien, esté seguro de que su propio corazón está bien con Dios.

Esta es una de las enseñanzas más evidentes de Jesús. Lo primero que debemos hacer es revisar nuestro propio corazón. Jesús no está sugiriendo que usted no debe confrontarse con nadie, todo lo contrario. Él dice que primero debemos ordenar nuestra propia vida para poder ayudar a otros con efectividad y con el propósito correcto.

2. Ore por la persona que necesita ser confrontada.

Haga de esa persona el motivo de sus oraciones. Interceda por esa persona antes de confrontarla. La oración crea una atmósfera en la cual el verdadero cambio puede tener lugar.

3. Busque el momento para hablar con la persona en privado, sin interrupciones, pero no evite hacerlo.

Hágalo tan pronto como sea posible. Nunca confronte delante de otras personas ni en un lugar público. Su intención es ayudar, no avergonzar. Escoger el momento correcto es muy importante.

4. Cuando la ocasión lo demande, confronte inmediatamente.

Póngase de pie y hable a favor de lo que es correcto. Póngase de pie y hable en contra de lo que es incorrecto. La confrontación inmediata muchas veces es necesaria. Hay momentos que demandan que las cosas se corrijan y las personas conozcan lo que es correcto.

5. No eche todo su enojo sobre alguien.

La confrontación no es una ocasión para que usted arroje su propio enojo o frustración sobre otra persona. Esté seguro de que su confrontación no pretende eliminar a la otra persona.

6. Comience con una palabra de aliento.

Comience siempre con una nota positiva. Anime a la persona. Usted no querrá que la otra persona se coloque a la defensiva inmediatamente.

7. Pida permiso a la otra persona: "¿Me permitiría compartir con usted algo que lo puede ayudar?".

De este modo usted obtendrá permiso para compartir su opinión. Si la persona dice que sí, entonces comparta el problema. Si la persona dice que no, confíe en Dios que esa persona cambiará de actitud. Esta pregunta puede cambiar las cosas radicalmente.

8. Describa la situación como usted la ve.

Presente su perspectiva del asunto; diga: "Esto es lo que yo veo, por favor, ayúdeme a comprenderlo". Admita que usted puede estar malinterpretando las cosas o viéndolas desde un ángulo equivocado.

9. Pregúntele a la otra persona cómo puede ayudarla.

Dígale a la otra persona, con toda honestidad, que usted está tratando de ayudarla. Asegúrese de que la persona comprenda que su motivo es su amor hacia ella, no deseo de herirla.

10. Guarde la confidencia.

Nunca traicione la confianza que la otra persona deposita en usted. Romper un compromiso de confidencia puede producir mucho daño.

11. Ore al Señor con la persona.

Ore con la otra persona. Que su oración refleje el deseo legítimo de que el Señor use el encuentro y de que Satanás no tome ninguna ventaja de esta confrontación.

EL HÁBITO DE
DESAFIAR EL STATU QUO

PASAJE GUÍA

Porque dejando los mandamientos de Dios,
os aferráis a la tradición de los hombres.

Marcos 7:8

El hábito de Jesús de desafiar el statu quo incluye el tomar la decisión de enfrentarse, con espíritu de amor, a aquellos hábitos generalmente basados en tradiciones y que son carentes de propósito.

> *Si su caballo está muerto,*
> *por bondad, desmóntese.*
> *—Eddy Ketchursid*

Jesús nos mostró cómo desafiar el statu quo

El statu quo es la manera como están las cosas. "Lo que será, será; lo que será, será"[1]. Jesús le mostró a la gente que no tenía por qué vivir sobreviviendo a duras penas. Jesús desafió la tradición que no tenía significado ni beneficio (Mateo 15:1-3; Marcos 7:8). Jesús estuvo celosamente comprometido con los mandamientos y las leyes de Dios, pero desafió las reglas hechas por los hombres que sólo servían para controlar la vida de las personas.

Jesús habló con una mujer samaritana, lo cual estaba contra la tradición

Entonces la mujer samaritana le dijo:

—¿Cómo es que tú, siendo judío, me pides de beber a mí, siendo yo una mujer samaritana? —porque los judíos no se tratan con los samaritanos— (Juan 4:9).

Jesús confrontó un prejuicio totalmente equivocado. Para él, la mujer y sus necesidades eran más importantes que las tradiciones impuestas por los hombres.

**ALGODÓN EN LA BOTELLA
DE ASPIRINAS**

La compañía Bayer ha dejado de colocar la bolita de algodón en los envases de aspirinas. La empresa se dio cuenta de que las aspirinas se mantenían bien sin esas bolitas de algodón con las que cubrían el frasco desde el año 1914. "Concluimos que no había ninguna razón válida para seguir colocando ese algodón, excepto la tradición", dijo Chris Allen, vicepresidente de operaciones técnicas de Bayer. "Además, son difíciles de sacar"[2].

Jesús sanó en día sábado, en contra de una tradición muy respetada

Y estaban al acecho a ver si le sanaría en sábado, a fin de acusarle... Los fariseos salieron en seguida, junto con los herodianos, y tomaron consejo contra él, cómo destruirlo (Marcos 3:2, 6).

Otra vez, las necesidades de la persona llegaron a ser más importantes para Jesús que la letra de la ley.

Jesús fue amigo de los pecadores

Y vino el Hijo del Hombre, que come y bebe, y dicen: "He aquí un hombre comilón y bebedor de vino, amigo de publicanos y de pecadores". Pero la sabiduría es justificada por sus hechos (Mateo 11:19).

Jesús amó a los pecadores y los alcanzó donde ellos estaban, en lugar de condenarlos como personas sin esperanza. Esto provocó el enojo de los fariseos.

Los enemigos del hábito de desafiar el statu quo

1. Comodidad: "Estoy acostumbrado a hacerlo así".
2. Resistencia: "No deseo cambiar".
3. Pereza: "Cambiar implica mucho esfuerzo".
4. Predisposición: "Nada va a cambiar".

Fórmese el hábito de desafiar el estatu quo

1. Comience creyendo que las cosas pueden cambiar.

Jesús salió de la tumba, por lo tanto las cosas ya no podían permanecer como siempre. Hay poder para cambiar. Sólo aquellos que

---

**EL COSTO DE REHUSARSE
A CAMBIAR**
  De las 20 compañías que hace 40 años eran las más grandes de los Estados Unidos de América, sólo dos están todavía entre las 20 primeras.

De las 100 empresas más grandes hace 25 años, casi la mitad ha desaparecido o ha declinado substancialmente en su posición. Rehusarse al cambio significa declinar[3].

---

eligen no cambiar, no cambian. No hay problema que no pueda ser transformado por Jesucristo resucitado.

   2. No acepte lo que otros han dicho acerca de que algo es difícil o imposible.

Siempre hay personas que explican por qué las cosas no pueden cambiar. También encontrará personas negativas en cualquier lugar al que vaya. Muchas veces, porque no están dispuestas a pagar el precio del cambio, esas personas intentarán inyectarle una dosis suficiente de pesimismo sobre la realidad como para enfriar su entusiasmo. Simplemente, no escuche a esas personas.

   3. Establezca metas acerca de cómo usted desea que sean las cosas.

Establecer metas es poderoso. Escribirlas es el primer punto para cambiar cosas. Tendemos más a hacer las cosas que hemos escrito que las que no hemos escrito.

   4. Adopte la filosofía de vida que dice: "sólo un poco más".

No se contente con el promedio, camine la segunda milla. Haga más de lo que sea necesario. Nunca haga las cosas sólo para vivir y nada más. No busque atajos. Ponga siempre en cada cosa su mayor entusiasmo.

> *En asuntos de estilo, nade con la corriente. En asuntos de principios, manténgase como una roca.*
> *—Anónimo*

   5. Desafíe el estado de las cosas si no son como debieran ser.

Atrévase a ser un agente de cambio. Permita que Dios lo use para hacer una diferencia. Usted puede hacerlo con amor y con mucho tacto. Esté seguro de que lo que usted desea cambiar merece el esfuerzo requerido.

PENSANDO FUERA DE LA CAJA

En el libro titulado *The Wright Way* (El camino de Wright), el autor Mark Eppler muestra como Orville y Wilbur Wright rompieron con la mentalidad de su época cuando decidieron construir una máquina para volar más pesada que el aire. Una de sus técnicas para resolver problemas fue llamada "envuelva la idea". Envolver la idea es "la habilidad de pensar fuera de la caja, pero sin abandonar la caja". La caja puede ser:

● El statu quo: la presión de todos lados para mantener las cosas tal cual están.

● La obligación de hacer algo: no habiendo espacio para crecer y sin oportunidad para ser trasplantado.

● La tradición: hace mucho tiempo alguien decidió...

● Un grupo de ideas: si usted necesita una idea, nosotros le diremos cuál es.

● Pensamiento rígido: una actitud irreconciliable.

● Un bolígrafo: un documento adjunto.

● Una caja de pino: donde la creatividad va a morir[4].

Los cristianos son personas a quienes Dios ha llamado a pensar fuera de la caja, sin abandonar sus particulares creencias.

---

6. Descubra qué obstáculos podría encontrar si decide desafiar el estado presente de las cosas.

Pregúntese a sí mismo: "Si yo intento este cambio, ¿qué obtendré específicamente como resultado?". Anticipe lo negativo. Acepte que cambiar el statu quo no será fácil.

7. Haga una lista de las áreas de su vida que han llegado a estancarse.

Todos tenemos la tendencia a estancarnos, a seguir la vía de menor resistencia. Señale específicamente las áreas en las cuales usted siente que ya no está creciendo.

8. No cambie solamente por el placer de cambiar.

Tenga un verdadero propósito al intentar cambiar las cosas. Cambiar, algunas veces, no es lo mejor. Cambiar sin un propósito es invitar a la confusión. Algunas cosas deben dejarse como están. Pregúntese a sí mismo: "¿Por qué siento que esto debe cambiar?".

9. Sea amable al desafiar el statu quo.

No asuma una actitud orgullosa que aleje a la gente. De ese modo, usted puede ofender a las personas. El cambio ocurre más fácilmente cuando es presentado en una atmósfera de amabilidad. Algunas veces, lo que molesta a las personas no es la idea de cambiar sino la manera en la cual este es presentado.

10. ¡Sea paciente!

Cambiar lleva tiempo, tenga paciencia y manténgase firme. Algunos días, usted avanzará a grandes pasos; pero otros, todo parecerá muy lento. No se rinda. Recuerde: el proceso de desafiar el statu quo puede producir un gran sentido de satisfacción.

Señor, dame la gracia para reconocer las cosas que no pueden cambiar, valor para cambiar las que pueden ser cambiadas, y sabiduría para conocer la diferencia.
—Anónimo

EL HÁBITO DE
ESCUCHAR

PASAJE GUÍA

Vino una mujer de Samaria para sacar agua, y Jesús le dijo:
—Dame de beber.
Pues los discípulos habían ido a la ciudad a comprar de comer.
Entonces la mujer samaritana le dijo:
—¿Cómo es que tú, siendo judío, me pides de beber a mí, siendo yo una
mujer samaritana? —porque los judíos no se tratan con los samaritanos—.
Juan 4:7-9

El hábito de Jesús de escuchar nos lleva a tomar la decisión de prestar atención con los oídos, la mente, los ojos y el cuerpo a lo que otra persona dice, para que se sienta valorada por quien la escucha.

> *La gente rara vez recordará su consejo, pero sí recordará que usted la escuchó.*
> **—Cara Lawrence**

Jesús nos mostró cómo escuchar

Jesús fue un consumado oyente. Y todavía lo es. Imagine que aún continúa escuchando las oraciones de millones de personas alrededor del mundo las 24 horas de cada día de cada semana. Jesús escuchó no sólo con los oídos: también lo hizo con los ojos, con la mente y con el cuerpo. Las personas recibían su completa atención. Jesús entró en la zona privada de sus interlocutores. Al escucharlas, hizo que las personas se sintieran valoradas.

Jesús escuchó al joven rico

Entonces al mirarlo Jesús, le amó y le dijo:
—Una cosa te falta: Anda, vende todo lo que tienes y dalo

a los pobres; y tendrás tesoro en el cielo. Y ven; sígueme (Marcos 10:21).

Jesús miró intensamente los ojos de este joven que trataba de encontrar un atajo hacia la vida eterna. Jesús no lo desanimó, pero lo escuchó. El joven se fue sin alcanzar la salvación, sin embargo, supo que había sido escuchado. Cuando las personas se alejen de nosotros deben sentir que sí fueron escuchadas. Puede ser que no estemos de acuerdo con ellas o que discrepemos en nuestra manera de pensar, pero debemos escucharlas.

Jesús escuchó a un intelectual

Y había un hombre de los fariseos que se llamaba Nicodemo, un gobernante de los judíos. Este vino a Jesús de noche y le dijo:

—Rabí, sabemos que has venido de Dios como maestro; porque nadie puede hacer estas señales que tú haces, a menos que Dios esté con él.

Respondió Jesús y le dijo:

—De cierto, de cierto te digo que a menos que uno nazca de nuevo no puede ver el reino de Dios.

Nicodemo le dijo:

—¿Cómo puede nacer un hombre si ya es viejo? ¿Puede acaso entrar por segunda vez en el vientre de su madre y nacer?

Respondió Jesús:

—De cierto, de cierto te digo que a menos que uno nazca de agua y del Espíritu, no puede entrar en el reino de Dios. Lo que ha nacido de la carne, carne es; y lo que ha nacido del Espíritu, espíritu es. No te maravilles de que te dije: "Os es necesario nacer de nuevo". El viento sopla de donde quiere, y oyes su sonido; pero no sabes ni de dónde viene ni a dónde va. Así es todo aquel que ha nacido del Espíritu.

Respondió Nicodemo y le dijo:

—¿Cómo puede suceder eso?

Respondió Jesús y le dijo:

—Tú eres el maestro de Israel, ¿y no sabes esto? De cierto, de cierto te digo que hablamos de lo que sabemos; y testificamos de lo que hemos visto. Pero no recibís nuestro testimonio. Si os hablé de cosas terrenales y no creéis, ¿cómo creeréis si os hablo de las celestiales? Nadie ha subido al cielo, sino el que descendió del cielo, el Hijo del Hombre. Y como Moisés levantó la serpiente en el desierto, así es necesario que el Hijo del Hombre sea levantado, para que todo aquel que cree en él tenga vida eterna.

Porque de tal manera amó Dios al mundo, que ha dado a su Hijo unigénito, para que todo aquel que en él cree no se pierda, mas tenga vida eterna (Juan 3:1-16).

Nicodemo vino de noche para hablar con Jesús, él era un intelectual, pero Jesús no discutió con él, simplemente lo escuchó, le permitió expresarse y luego compartió la verdad. Escuchar nos concede el derecho de compartir con la persona.

> *Lo que la gente realmente necesita es un buen oyente.*
> *—Mary Lour Casey*

Jesús escuchó a la mujer en el pozo

Entonces la mujer samaritana le dijo:

—¿Cómo es que tú, siendo judío, me pides de beber a mí, siendo yo una mujer samaritana? —Porque los judíos no se tratan con los samaritanos— (Juan 4:7-9).

Jesús escuchó con amor y cuidado a esta mujer, que había sido usada y abusada por los hombres. El haber sido escuchada la llevó a recibir a Jesús como su salvador personal. El mundo estará abierto al mensaje del Evangelio si nosotros primero escuchamos con amor sus dolencias.

Jesús escuchó al hombre en el estanque de Betesda

Después de esto había una fiesta de los judíos, y Jesús subió a Jerusalén. En Jerusalén, junto a la puerta de las Ovejas, hay un estanque con cinco pórticos que en hebreo se llama Betesda. En ellos yacía una multitud de enfermos, ciegos, cojos y paralíticos.

Se encontraba allí cierto hombre que había estado enfermo durante treinta y ocho años. Cuando Jesús lo vio tendido y supo que ya había pasado tanto tiempo así, le preguntó:

—¿Quieres ser sano?

Le respondió el enfermo:

—Señor, no tengo a nadie que me meta en el estanque cuando el agua es agitada; y mientras me muevo yo, otro desciende antes que yo.

Jesús le dijo:

—Levántate, toma tu cama y anda.

Y en seguida el hombre fue sanado, tomó su cama y anduvo. Y aquel día era sábado (Juan 5:1-9).

Este hombre había estado paralítico durante 38 años; Jesús se detuvo, lo escuchó y lo sanó. Nuestra manera de escuchar puede traer sanidad a los que han sido heridos por otros.

Jesús escuchó a la mujer sirofenicia

Y levantándose, partió de allí para los territorios de Tiro y de Sidón. Y entró en una casa y no quería que nadie lo supiese, pero no pudo esconderse. Más bien, en seguida oyó de él una mujer cuya hija tenía un espíritu inmundo, y vino y cayó a sus pies. La mujer era griega, de nacionalidad sirofenicia, y le rogaba que echase el demonio fuera de su hija.

Pero Jesús le dijo:

EL CIEGO QUE ESCALÓ EL MONTE EVEREST

Erik Weihenmayer es ciego. Sin embargo, el 25 de mayo del 2001 llegó a la cima del monte Everest, en Nepal. Debido a una enfermedad degenerativa de los ojos, perdió la vista cuando tenía 13 años, pero esto no lo detuvo. Erik escaló la montaña sabiendo que el 90% de los escaladores nunca logra llegar a la cima; además sabía que 165 personas habían muerto en el intento desde el año 1953. Erik lo logró, en gran medida, porque supo escuchar. Escuchaba la pequeña campana atada a la espalda del alpinista que iba delante de él. De esa manera, podía saber en qué dirección tenía que caminar. Escuchaba con atención la voz de sus compañeros de equipo, quienes podían advertirle: "Caída mortal, dos pies a tu derecha". Erik escuchaba el sonido de su pico al clavarlo en el hielo y así podía saber dónde era más seguro apoyarse y así avanzar[1].

—Deja primero que se sacien los hijos, porque no es bueno tomar el pan de los hijos y echarlo a los perritos.

Ella respondió y le dijo:

—Sí, Señor; también los perritos debajo de la mesa comen de las migajas de los hijos.

Entonces él le dijo:

—Por causa de lo que has dicho, ve; el demonio ha salido de tu hija.

Y cuando ella se fue a su casa, halló a su hija acostada en la cama y que el demonio había salido (Marcos 7:24-30).

La hija de esta mujer estaba poseída por un demonio. Jesús se tomó tiempo para oírla y echar fuera el demonio que atormentaba a su pequeña hija. Hay muchas personas heridas a nuestro alrededor. Un solo oído atento puede hacer toda la diferencia. Dios puede colocarlo a usted en el lugar y en el momento exacto para escuchar a alguien.

> *La primera obligación del amor es escuchar.*
> *—Paul Tillich*

Jesús escuchó a los niños

Y le presentaban niños para que los tocase, pero los discípulos los reprendieron. Al verlo, Jesús se indignó y les dijo: "Dejad a los niños venir a mí, y no les impidáis; porque de los tales es el reino de Dios. De cierto os digo que cualquiera que no reciba el reino de Dios como un niño, jamás entrará en él". Entonces tomándolos en los brazos, puso las manos sobre ellos y los bendijo (Marcos 10:13-16).

Jesús no despidió a los niños. Todo lo contrario: los escuchó, se tomó el tiempo para oír lo que ellos estaban diciendo. Los niños son muy apreciados por Jesús. Nosotros debemos tomarnos tiempo para escuchar lo que sus pequeños corazones están tratando de expresar. Esto los hará sentirse apreciados y, sin duda, nosotros también aprenderemos mucho.

¿Cuáles son los enemigos del hábito de escuchar?

1. Ocupaciones: "No tengo tiempo para escuchar".

2. Distracciones: "¿Ese es mi teléfono celular? ...Me pregunto qué estarán hablando en aquel grupo".

3. Falta de interés: "Simplemente no me interesa lo que esta persona está diciendo".

4. Orgullo: "¡Prefiero hablar de mí!".

Fórmese el hábito de escuchar

1. Cuando esté con alguien, bríndele a esa persona toda su atención.

Haga que la persona sienta que ella es lo más importante para usted. Este es el factor "usted sí me importa".

2. Abandone todo lo que está a su alrededor para escuchar.

Este es un olvido planificado. Usted decide dejar todo lo que está a su alrededor para brindarle toda su atención a esa persona. La gente necesita aprender a respetar su interés.

3. Mire directamente a los ojos de la persona.

Se sorprenderá del poder que tiene el mirar directamente a los ojos de la persona cuando se trata de escucharla. Los ojos son las ventanas al alma.

4. No desvíe la mirada como si estuviera preocupado por otra cosa.

Haga un contacto ojo a ojo. En ese momento, lo único que cuenta es la persona con la que está hablando.

5. Observe las expresiones faciales, el tono de la voz y el lenguaje corporal.

Usted puede aprender mucho de una persona por las señales no verbales que emite. De hecho, usted puede aprender aún más que por sus palabras. Ponga cuidadosa atención.

YO SÓLO NECESITO QUE USTED ME ESCUCHE

En un estudio que se llevó a cabo en San Francisco, California, se le preguntó a un grupo de niños adolescentes que practicaban la prostitución: "¿Hay algo que ustedes necesitan, pero que no pueden conseguir?". Su respuesta, invariablemente precedida de tristeza y lágrimas, fue unánime: "Lo que yo más necesitaba era a alguien que me escuchara. Alguien que se interesara lo suficiente como para escucharme"[2].

6. Olvídese del teléfono por un momento.

Cuando escucha a otra persona, aleje cualquier cosa que pueda distraerlo. Los teléfonos parecen ser los mejores elementos de distracción que van contra un buen diálogo. Recuerde qué bien vivíamos cuando no teníamos teléfonos celulares. Cuando alguien nos está hablando, para evitar llamadas que nos perturben, apáguelo. Durante un rato, podremos sobrevivir sin el teléfono celular, tal como lo hacíamos años atrás.

7. Ponga su cuerpo en una posición que diga: "Estoy escuchando".

El lenguaje de su cuerpo indica el grado de atención puesto en la otra persona; y la otra persona se dará cuenta de ello.

8. No piense en lo que va a responder a lo que la persona está diciendo.

Usted dejará de escuchar a la otra persona si lo hace así. Debemos dar prioridad a la necesidad de la otra persona de ser escuchada, y relegar nuestro deseo de hablar.

9. Haga preguntas que sirvan para aclarar y orientar la conversación.

No permita que la conversación sea demasiado amplia. Intervenga para mantener el tema o volver al asunto principal.

10. No juzgue o presuponga lo que la persona le va a decir antes de que lo diga.

Permita que la persona tenga la libertad de decir lo que desea decir. No escuche con la actitud: "Yo ya sé lo que me va a decir, por eso le voy a responder adecuadamente". Esta es una forma de prejuicio: el prejuicio de lo que la otra persona dirá. Esto no sólo pondrá en riesgo la oportunidad de captar el asunto principal, sino que además podrá conducir a la persona una situación vergonzosa.

11. Escuche lo que no se dice.

Peter Drucker dijo: "La cosa más importante en la comunicación es escuchar lo que no se ha dicho"[3].

Lo que no se ha dicho puede decir mucho acerca de las necesidades y las actitudes de la persona que habla. Esto es escuchar con un tercer oído.

EL HÁBITO DE
AMAR

PASAJE GUÍA

Como el Padre me amó, también yo os he amado;
permaneced en mi amor.

Juan 15:9

El hábito de Jesús de amar nos guía a tomar la decisión de hacer algo benéfico, amable y alentador para otra persona, dejando de lado nuestras propias necesidades y estando dispuestos a incomodarnos y sacrificarnos por el bienestar de otros.

> *El amor humano dice:*
> *"Te amaré si...";*
> *Dios dice: "Te amaré*
> *a pesar de...".*
> —Stuart Briscoe

Jesús nos mostró cómo amar

La palabra *amor* es una de esas palabras que ha sido utilizada, y muy frecuentemente abusada, a tal extremo, que su verdadero significado casi se ha perdido. Sobre ninguna otra palabra se ha escrito y hablado tanto. Es el tema más utilizado en poesía y letras de canciones. Sin embargo, nuestra sociedad tiene la tendencia de relacionar el *amor* con el sexo, con la comida, con la ropa, con la gente o con algunas emociones. Esta confusión acerca del amor se muestra frecuentemente en el matrimonio.

Jesús amó a la gente. No hay que mirar más allá de la cruz para ver demostrado su amor. Él amó a las personas todo el tiempo. Su amor es incondicional, no importa lo que usted haya hecho, dónde haya estado o quién sea: él se dio a sí mismo, se sacrificó por amor.

Y Jesús nos enseñó que esta podría llegar a ser la marca distintiva de aquellos que lo conocen a él.

En esto conocerán todos que sois mis discípulos, si tenéis amor los unos por los otros (Juan 13:35).

Jesús amó lo amable

Jesús amaba a Marta, a su hermana y a Lázaro (Juan 11:5). Cuando Jesús vio a su madre y al discípulo a quien amaba, de pie junto a ella, dijo a su madre:

—Mujer, he ahí tu hijo (Juan 19:26).

Jesús amó a las personas que lo amaban. Algunas veces nosotros nos creemos con derecho al amor de las personas que nos aman. Jesús nunca lo dio por sentado.

INESPERADO AMOR

El ex evangelista Jim Bakker contó lo que le ocurrió inmediatamente después de que salió de la cárcel: "Cuando fui transferido a mi última prisión, Franklin Graham me dijo que, cuando saliera, deseaba ayudarme con un trabajo, una casa para vivir y un automóvil. Era mi quinta Navidad en prisión. Después de pensarlo un poco, le dije: 'Franklin, tú no puedes hacer todo eso. Te va a lastimar. La familia Graham no necesita esta carga'. Él me miró y dijo: 'Jim, tú eras mi amigo en el pasado, tú eres mi amigo hoy. Si a alguno no le gusta, tendremos pelea'.

"Cuando salí de la cárcel, los Graham me apoyaron, me compraron una casa y me dieron un automóvil para movilizarme. El primer domingo que estuve libre, Ruth Graham llamó a la casa donde yo vivía, una propiedad del Ejército de Salvación, y pidió permiso para que pudiera asistir a la Iglesia Presbiteriana de Montreal con ella. Cuando llegamos a la iglesia, el pastor me dio la bienvenida y me hizo sentar con la familia Graham. La fa-milia llenaba dos bancos; creo que todos los miembros de la familia Graham estaban presentes. El órgano comenzó a tocar. El lugar estaba lleno, excepto el lugar que tenía a mi lado. De pronto, las puertas se abrieron y entró Ruth Graham. Caminó y se sentó al lado del presidiario número 07407-058. Hacía sólo 48 horas que yo había salido de la prisión, pero esa mañana Ruth le dijo al mundo que Jim Bakker era su amigo.

"Después, ella me llevó con ellos para cenar. Cuando me preguntó por alguna dirección, yo saqué un sobre de mi bolsa a la vista de todos. En la prisión no se permite tener billeteras; por eso sólo tenía un sobre. Ella me preguntó: '¿No tienes una billetera?'. Yo le respondí: 'Bueno, sí, este sobre es mi billetera'. Después de cinco años de lavado cerebral en la cárcel, uno llega a pensar que un sobre es una billetera.

"Ruth se fue a un cuarto contiguo y al regresar dijo: 'Esta es una de las billeteras de Billy. Él no la necesita. Es tuya'"[1].

Jesús no tuvo miedo de expresar su amor a las personas

Un mandamiento nuevo os doy: que os améis los unos a los otros. Como os he amado, amaos también vosotros los unos a los otros (Juan 13:34).

Jesús dijo a muchas personas: "Yo te amo". Nosotros debemos aprender a expresar nuestro amor a los demás. Decirlo es de muchísima importancia.

Jesús amó lo que no era fácil de amar

Uno de los malhechores que estaban colgados le injuriaba diciendo:

—¿No eres tú el Cristo? ¡Sálvate a ti mismo y a nosotros!

Respondiendo el otro, le reprendió diciendo:

—¿Ni siquiera temes tú a Dios, estando en la misma condenación? Nosotros, a la verdad, padecemos con razón, porque estamos recibiendo lo que merecieron nuestros hechos; pero éste no hizo ningún mal.

Y le dijo:

—Jesús, acuérdate de mí cuando vengas en tu reino.

Entonces Jesús le dijo:

—De cierto te digo que hoy estarás conmigo en el paraíso (Lucas 23:39-43).

Jesús amó al ladrón de la cruz. Él amó a personas que eran difíciles de amar. Cuando amamos a aquellos que no son fáciles de amar damos testimonio de nuestra relación con Cristo.

Jesús amó a sus enemigos

Y les dijo:

—¿Qué me queréis dar? Y yo os lo entregaré.

Ellos le asignaron treinta piezas de plata (Mateo 26:15).

Mientras él aún hablaba, vino Judas, que era uno de los doce, y con él mucha gente con espadas y palos, de parte de los principales sacerdotes y de los ancianos del pueblo. El que le entregaba les había dado señal diciendo: "Al que yo bese, ése es. Prendedle". De inmediato se acercó a Jesús y dijo:

—¡Te saludo, Rabí!

Y le besó. Pero Jesús le dijo:

—Amigo, haz lo que viniste a hacer. Entonces ellos se acercaron, echaron mano a Jesús y le prendieron (Mateo 26:47-50).

Jesús amó a Judas aún después de que había sido traicionado por 30 piezas de plata (equivalentes a 5.000 dólares, aproximadamente). El amor es el único poder que tenemos sobre nuestros enemigos.

Jesús nos demostró que amar es una opción

¿O piensas que no puedo invocar a mi Padre y que él no me daría ahora mismo más de doce legiones de ángeles? (Mateo 26:53).

Jesús decidió quedarse en la cruz. Fue una decisión de amor. Podía haber ordenado que miles de ángeles descendieran en su favor. Podía haber destruido a sus enemigos y haberse bajado de la cruz. Sin embargo, él demostró que el amor no es un sentimiento.

> *Amar a alguien significa verlo como Dios quiso que fuera.*
> *—Fedor Dostoievsky*

¿Cuáles son los enemigos del hábito de amar?

1. Ignorancia: "Amar es un sentimiento. Amar significa nunca tener que pedir perdón. Amar es sexo".

2. Egoísmo: "Deseo que mis necesidades sean satisfechas. Yo primero".

3. Indiferencia: "Eso a mí no me importa".

Haga un hábito de amar

1. Comprenda que amar no es un sentimiento, por lo tanto usted no tiene que sentir algo en particular.

Comparar el amor con un sentimiento es invitar al desánimo. Si el amor se basa en un sentimiento, ese amor será inconstante. El amor, visto sólo como un sentimiento, es limitado. Ese "amor" no es amor.

AMOR AL ESTILO AMAZON.COM

Amor es una palabra popular en nuestra sociedad. La gran librería Amazón.com, contiene en su página web:
- 2.652 títulos de libros acerca del cielo.

- 10.304 acerca del dinero.
- 16.765 acerca del sexo.
- 18.818 acerca de Dios
- 30.066 acerca del amor[2].

---

2. *Amar es una decisión.*

El amor es un acto de la voluntad. Es algo que usted decide hacer: "Yo decido amarte". Usted podría tomar la decisión de no hacerlo, pero sin duda, será una decisión.

3. *Amar es algo que usted hace.*

El amor se expresa por medio de acciones. El amor verdadero es demostrado de manera práctica. El amor real puede verse, porque no se queda quieto sin hacer nada.

4. *Decidir hacer lo correcto para alguien, como hábito, traerá el sentimiento correcto.*

Le aseguro que funciona. Si espera sentir algo antes de hacer lo correcto, probablemente nunca hará lo correcto. Sin embargo, si elige hacer lo correcto a favor de alguien, sus emociones aparecerán.

5. *Demuestre su amor a las personas sin importar lo que le hagan o digan de usted.*

Permita que su amor sea la respuesta. Esta clase de amor será más que un intento incierto. Con el paso del tiempo, ganará a las personas. No hay nada que demuestre el verdadero cristianismo como el amor. Es admirable cómo el amor de Dios desarma a los que no actúan motivados por el amor. Cuando estas personas no reciben una respuesta de rechazo, empiezan a comprender que usted es diferente.

6. *Aprenda a expresar su amor a las personas.*

Busque maneras para que las personas conozcan que usted las ama. Dígales: "Te amo". Al principio, puede parecer incómodo, pero se le irá haciendo cada vez más fácil. En efecto, es contagioso.

> *Un amor tan sublime, tan divino, demanda mi alma, mi vida, mi todo.*
> —Isaac Watts

> **La gente no va a donde está la acción, va a donde está el amor.**
> **—Jess Moody**

7. Comprenda que no hay manera de experimentar el amor incondicional sin una relación con Jesucristo.

Cuando usted llegó a ser cristiano, se abrió a una total y completa nueva dimensión: la del amor de Dios. La capacidad de amar de esa manera es característica del verdadero cristiano.

8. Hay que comprender que la definición de amor que da el mundo es diferente a la de Dios.

El mundo le ha atribuido muchas definiciones a la palabra *amor*. Muy frecuentemente se la usa con una connotación sexual. Sin embargo, sólo la definición que Dios hace del *amor* llena el vacío interior del alma humana. Sólo esta clase de amor trae vida.

9. Haga una acción amorosa a favor de alguien que lo haya herido u ofendido.

Esto le ayudará a liberarse de la esclavitud del resentimiento. Este es el "factor Jesús": escoger hacer algo en bien de una persona en lugar de lastimar a quien que nos ha ofendido.

10. Reconozca que el amor es el elemento que crea la atmósfera necesaria para el cambio.

Si usted desea que las personas cambien, ámelas. El amor crea un ambiente que permite a las personas la libertad de llegar a ser más como Jesucristo. Donde hay amor, los milagros pueden tener lugar y la transformación puede ocurrir.

AMAR: ¿ES PARA LOS PÁJAROS?

"Amar puede ser maravilloso, pero también puede ser destructivo. Puede hacer que las personas mientan, engañen, asesinen y, lo peor de todo, que escriban poesías como esta:

¿Por qué los pájaros aparecen de repente, cada vez que tú estás cerca?

Estos versos pertenecen a la canción de *The Carpenters*, titulada *Close to you*.

Usted francamente tiene que preguntarse: "¿Verdaderamente deseo estar cerca de alguien que hace que los pájaros aparezcan de repente? Acaso ¿no hizo Alfred Hitchcock una película de horror acerca de esto?" [3].

EL HÁBITO DE
SER AGRADECIDOS

PASAJE GUÍA

Tomando la copa, y habiendo dado gracias, les dio diciendo:
—Bebed de ella todos.

Mateo 26:27

El hábito de Jesús de dar gracias nos dirige a tomar la decisión de ser agradecidos a Dios en cualquier situación, creyendo que Dios está por encima de todas las situaciones.

> *La matemática más compleja de dominar es la que nos permite contar nuestras bendiciones.*
> *—Erick Hoffer*

Jesús nos mostró cómo ser agradecidos

Jesús vivió un espíritu de gratitud para con su Padre. Nunca asumió que las bendiciones de Dios eran automáticas. Permanentemente se tomó tiempo para agradecer a su Padre. Jesús no fue de esas personas que suelen quejarse.

Jesús bendijo la comida antes del milagro de la alimentación de los 5.000

Luego mandó que la gente se recostara sobre la hierba. Tomó los cinco panes y los dos pescados, y alzando los ojos al cielo, los bendijo. Después de partirlos, dio los panes a sus discípulos, y ellos a la gente (Mateo 14:19).

Jesús agradeció a Dios el milagro por adelantado. Ser agradecido puede producir milagros en su vida. Dar gracias a Dios libera el poder de la fe, la cual, a su vez, genera el poder de Dios en medio de la circunstancia o la necesidad.

Jesús bendijo la comida antes de alimentar a los otros 4.000
>Tomó los siete panes y los pescaditos, y habiendo dado gracias los partió e iba dando a los discípulos, y los discípulos a las multitudes (Mateo 15:36).

Jesús, por medio de su acción de gracias, anunció que Dios el Padre podía proveer el alimento necesario. Ser agradecidos significa poner las cosas en las manos de Dios y hacerlas girar en torno a Dios.

Jesús bendijo la comida antes de la última cena
>Mientras ellos comían, Jesús tomó pan y lo bendijo; lo partió y lo dio a sus discípulos, y dijo:
>—Tomad; comed. Esto es mi cuerpo.
>Tomando la copa, y habiendo dado gracias, les dio diciendo:
>—Bebed de ella todos (Mateo 26:26, 27).

Jesús se mostró agradecido aun cuando estaba por encarar la crisis más importante de su vida; en efecto, la mayor crisis de toda la historia. Un espíritu de gratitud nos prepara para encarar las más oscuras horas de nuestra vida. Las pone bajo el control de Dios, en lugar de ponerlas bajo nuestro control.

Jesús bendijo la comida frente a dos discípulos en el camino a Emaús
>Y aconteció que estando sentado con ellos a la mesa, tomó el pan, lo bendijo y les dio (Lucas 24:30).

Cuando Jesús partió el pan y dio gracias al Padre, hizo algo como para que los dos discípulos se dieran cuenta de que era él. Al

---

¿LE PARECE QUE UN LITRO DE GASOLINA ES CARO?
- Un antitranspirante de 152 ml cuesta $3,25.
- Un litro de Coca Cola de dieta cuesta $2,25.
- Un litro de yogur cuesta $2,25.
- Un litro de aceite de oliva cuesta $8,50.
- Un frasco de 80 pastillas para la acidez cuesta $7,20.
- Un envase de champú para niños de 750 ml cuesta $5,60.

Y lo último, la gota que derrama el vaso...
- Un litro de agua mineral cuesta $1,70.

Entonces la próxima vez que esté poniendo gasolina a su automóvil, ¡alégrese de que su vehículo no usa aceite de oliva!

dar gracias, se reveló a sí mismo. Quizás, mientras él daba gracias a Dios y partía el pan, los discípulos vieron las marcas de los clavos en sus manos. Cuando usted da gracias, revela *quién* es. De este modo, le permite al mundo tener un vistazo de Cristo a través de su vida.

Jesús agradeció al Padre antes de resucitar a Lázaro
        Luego quitaron la piedra, y Jesús alzó los ojos arriba y dijo:
        —Padre, te doy gracias porque me oíste (Juan 11:41).
        Su gratitud fue un acto de fe que demostraba la intervención de Dios. La gratitud es una expresión que le dice a Dios: "Yo creo que tú intervendrás".

¿Cuáles son los enemigos del hábito de dar gracias?
1. Quejarse: "¿Por qué a mí no me pasa nada bueno?".
2. Tomar las bendiciones de Dios como algo obligatorio: "¿Qué has hecho por mí últimamente?".
3. Falta de fe: "¿Qué pasaría si Dios no interviniese?".
4. Pesimismo: "No todo es bueno".
5. Egoísmo: "¿Por qué a esa persona le va mejor que a mí?".

Fórmese el hábito de dar gracias
1. Dar gracias es una opción, no un sentimiento.
        Usted puede tomar la decisión de tener una actitud agradecida. Comience agradeciendo a Dios por sus bendiciones, en lugar de quejarse por lo que no tiene. Enfóquese en la bondad de Dios en su vida.

ESTO TAMBIÉN PASARÁ

El predicador escocés Alexander Whyte era conocido por sus edificantes oraciones en el púlpito. Siempre encontraba algo por lo cual dar gracias. Un domingo por la mañana, el clima estaba nublado y deprimente. Uno de los miembros pensó para sus adentros: "Sin duda, el predicador no podrá pensar en nada por lo cual dar gracias a Dios en un día tan horrible como este". Su sorpresa fue mayúscula cuando Whyte comenzó a orar: "Te agradecemos, oh Dios, porque no siempre tenemos días como este"[1].

2. Vea más allá de las circunstancias y mire al único que tiene el poder de cambiar todas las cosas.

Mirar sólo las circunstancias que lo rodean puede conducirlo al desánimo. No vea sólo lo que le pasó; vea por encima de ello. Alguien comentó que se sentía aplastado bajo el peso de las circunstancias. Otra persona le dijo: "¿Y qué haces allá abajo?". El dar gracias nos libera del peso de las circunstancias.

3. Vea cada problema como una oportunidad para que Dios sea Dios.

Cada obstáculo que usted enfrenta es una invitación para que Dios participe en su vida. Agradezca que él sea más grande que la circunstancia en la que usted se encuentra. Usted no se siente agradecido por cada cosa que le sucede; así usted simplemente decide creer que Dios es más grande que lo que le sucede.

4. Reemplace las quejas por la gratitud.

Sin lugar a dudas, una cualidad muy notable del carácter de Cristo fue su constante espíritu de gratitud. Al leer sus oraciones uno se sorprende cuánto espacio dedicó a dar gracias en cada una de ellas; también sorprende cómo frecuentemente deseaba alabar por lo que a usted y a mí nos habría amargado. Y nos hizo sentir todo lo que tuvo que olvidar para ser bondadoso. ¿Acaso no tomó la copa, que era un horrible símbolo de los próximos eventos tan llenos de terror, y aún entonces dio gracias?
—A. J. Gossip, tomado de The Edge of the Crowd

Cada vez que comience a quejarse, cambie de inmediato y agradezca a Dios. Esta es "la terapia de reemplazar las quejas".

5. Comience el día dándole gracias a Dios porque le ha dado otro día para vivir.

Levántese agradeciendo a Dios por el nuevo día de vida, otro día para hacer una diferencia. Esta es la mejor manera de empezar cada mañana; comience el día correctamente.

6. Vea a su alrededor y observe que siempre hay alguien que tiene más dificultades que usted.

Ninguno de nosotros tiene que hacer demasiadas cuentas para descubrir cuán bendecido es. Todos los días vemos personas que tienen más problemas, más luchas y condiciones más difíciles que las nuestras.

7. Pase tiempo con personas agradecidas y positivas.

Rodéese de personas agradecidas. El espíritu de gratitud es contagioso. Aléjese, tanto como le sea posible de personas negativas y quejumbrosas.

8. Escriba notas de agradecimiento.

La nota de gratitud es una de las retribuciones más importantes para quien ha hecho algo por usted. Esa nota demuestra que usted está agradecido y que aprecia todo lo que esa persona le ha dado.

9. Identifique a las personas que han hecho una diferencia en su vida y hágaselos saber.

Piense en aquellos que en el pasado han contribuido positivamente en su vida. Quizás hayan sido unas pocas personas o quizá muchas a lo largo de su vida. Decirles lo que han significado para usted será de bendición tanto para ellas como para usted.

10. Manténgase siempre haciendo cosas para otras personas.

Desgástese ayudando a otros. Sea agradecido por lo que Dios ha hecho por usted compartiendo su gratitud con otros. Viva su vida demostrándole a Dios cuán agradecido está por las bendiciones que él le ha dado durante su vida.

PRUEBE LA TERAPIA DE DAR GRACIAS

Estoy agradecido por...

- Los impuestos que pago... porque eso significa que me pagan por mi trabajo.
- La ropa que me queda un poco apretada... porque significa que tengo suficiente para comer.
- La sombra que me acompaña mientras trabajo... porque significa que estoy a la luz del sol.
- El césped que necesita ser cortado, las ventanas que debo limpiar y las canales del techo que necesitan reparación... porque eso significa que tengo una casa.
- El espacio más retirado que encontré en el estacionamiento... porque significa que soy capaz de caminar.
- Todas las quejas que escucho acerca de nuestro gobierno... porque significa que tenemos libertad para hablar.
- La señora que desentona al cantar en el templo... porque significa que puedo oír.
- Los montones de ropa que debo lavar y planchar... porque significa que mis seres queridos están cerca de mí.
- La alarma que suena muy temprano cada mañana... porque significa que amanecí vivo.
- El cansancio y los músculos doloridos al final del día... porque significa que he sido productivo[2].

EL HÁBITO DE
TENER FE

PASAJE GUÍA

Jesús los miró y les dijo:
—Para los hombres esto es imposible, pero para Dios todo es posible.
Mateo 19:26

El hábito de Jesús de tener fe implica el tomar la decisión de confiar en Dios y creer lo que él ha dicho en su Palabra sin importar la situación esté usted enfrentando.

> **La fe no necesita más evidencia que la Palabra escrita de Dios.**
> **—Autor desconocido**

Jesús nos mostró cómo tener fe

Jesús confió en su Padre siempre, en cada situación. Jesús demostró una total dependencia de Dios aun cuando las circunstancias parecían contrarias a su voluntad, él no tuvo que ver para creer. Jesús creyó al Padre, y el Padre siempre cumplió su palabra.

Jesús confió totalmente en la voluntad del Padre en el jardín de Getsemaní, aunque la circunstancia lo angustiaba profundamente

Entonces llegó Jesús con ellos a un lugar que se llama Getsemaní, y dijo a los discípulos:

—Sentaos aquí, hasta que yo vaya allá y ore.

Tomó consigo a Pedro y a los dos hijos de Zebedeo, y comenzó a entristecerse y a angustiarse. Entonces les dijo:

—Mi alma está muy triste, hasta la muerte. Quedaos aquí y velad conmigo.

Pasando un poco más adelante, se postró sobre su rostro, orando y diciendo:

—Padre mío, de ser posible, pase de mí esta copa. Pero, no sea como yo quiero, sino como tú.

Por segunda vez se apartó y oró diciendo:

> **Usted honra a Jesús cuando actúa con fe de acuerdo con su Palabra.**
> **—Ed Cole**

—Padre mío, si no puede pasar de mí esta copa sin que yo la beba, hágase tu voluntad (Mateo 26:36-39, 42).

Jesús reconoció que cualquier cosa que Dios deseara era lo mejor. La fe acepta el plan de Dios como lo mejor y no busca otra salida. La fe abraza la voluntad de Dios aun cuando no tenga explicación en ese momento.

Jesús practicó la fe cuando se encontraba en la cruz

Entonces Jesús, gritando a gran voz, dijo:

—¡Padre, en tus manos encomiendo mi espíritu! (Lucas 23:46).

Jesús tomó todo lo que había hecho, todo su sufrimiento y lo colocó en las manos de su Padre, confiando en que su plan había sido cumplido. Jesús no pudo ver el plan de Dios completo en ese momento, pero confió en que su voluntad había sido cumplida. La verdadera fe simplemente busca a Dios, no evita a Dios tratando de imaginar cómo serán las cosas.

Jesús creyó que Dios podía hacer lo imposible

Jesús los miró y les dijo:

—Para los hombres esto es imposible, pero para Dios todo es posible (Mateo 19:26).

La fe de Jesús declara que no hay nada que Dios no pueda hacer. La verdadera fe dice esto mismo: "Dios puede hacer cualquier cosa, en cualquier lugar y a cualquier hora".

> **Si se quitan todos los riesgos de su vida la fe resulta innecesaria. La fe requiere riesgos.**
> **—Ken Mayhanes**

Jesús creyó que el Padre podía levantarlo de la muerte

He aquí, subimos a Jerusalén, y el Hijo del Hombre será entregado a los principales sacerdotes y a los escribas, y le condenarán a muerte. Le entregarán a los gentiles para que se burlen de él, le azoten y le crucifiquen; pero al tercer día resucitará (Mateo 20:18, 19).

Jesús esperaba confiadamente en que Dios iba a levantarlo de la muerte tal como lo había prometido. La fe cree que la tumba no es el final de la vida, sino que habrá resurrección.

Jesús creyó que el Padre escucharía y respondería a sus oraciones siempre

Luego quitaron la piedra, y Jesús alzó los ojos arriba y dijo: —Padre, te doy gracias porque me oíste. Yo sabía que siempre me oyes; pero lo dije por causa de la gente que está alrededor, para que crean que tú me has enviado (Juan 11:41, 42).

Jesús nunca dudó de que Dios respondiera sus oraciones. La fe

---

SÚBASE A LA CARRETILLA

Había un acróbata que podía caminar sobre una cuerda y hacer peripecias increíbles. Hacía actos de equilibrio por todas las ciudades de París, desafiando las alturas. Con el tiempo fue agregando nuevos elementos: se vendaba los ojos y, más adelante, caminaba por la cuerda llevando una carretilla.

Un promotor estadounidense leyó acerca de esas hazañas en el periódico y escribió una carta al acróbata diciéndole: "No creo que usted pueda hacer todo lo que se dice acerca de sus demostraciones de acrobacia, pero deseo hacerle una oferta. Le ofrezco una sustanciosa suma de dinero, además de todos sus gastos de viaje, y lo desafío para que haga su acto sobre las Cataratas del Niágara". El acróbata le respondió por escrito: "Señor, aunque nunca he visto los Estados Unidos de América ni las cataratas, me gustaría ir".

Después de mucha promoción y preparación, una multitud asistió para ver el evento. El acróbata partió del lado de Canadá y cruzó hacia los EE. UU. de A. caminando a través de la cuerda. ¡Los tambores sonaban mientras el acróbata avanzaba sobre la cuerda con los ojos vendados! Parecía hacerlo muy fácilmente y con mucha confianza.

La multitud se emocionó y aplaudió desenfrenadamente. El acróbata se acercó al promotor y le dijo:

—Bien, ¿ahora cree que puedo hacerlo?

—Por supuesto que sí, lo creo.

—Piénselo bien —dijo el acróbata—. ¿De veras cree que puedo hacerlo?

—Claro que sí, usted lo acaba de hacer.

—No, no, no —insistió el acróbata—. Piénselo una vez más. ¿Realmente cree que puedo hacerlo?

—Seguro que sí —dijo el promotor—, creo que usted puede hacerlo.

—Si es así —dijo el acróbata—, entonces súbase a la carretilla"[1].

*El remordimiento mira
hacia atrás.
La preocupación mira
alrededor.
La fe mira hacia arriba.
—John Mason*

es el único medio por el cual nuestras oraciones son contestadas. La duda, falta de fe, acerca de que nuestras oraciones serán oídas estorba lo que Dios desea hacer.

Pero pida con fe, no dudando nada. Porque el que duda es semejante a una ola del mar movida por el viento y echada de un lado a otro. No piense tal hombre que recibirá cosa alguna del Señor (Santiago 1:6, 7).

Y ésta es la confianza que tenemos delante de él: que si pedimos algo conforme a su voluntad, él nos oye. Y si sabemos que él nos oye en cualquier cosa que pidamos, sabemos que tenemos las peticiones que le hayamos hecho (1 Juan 5:14, 15).

¿Cuáles son los enemigos del hábito de la fe?

1. Incredulidad: "No puedo aceptar la Palabra de Dios acerca de esto. Me es imposible pensar que esto pueda suceder".
2. Sentimientos: "No lo siento así".
3. Opiniones ajenas: "Eso no fue lo que él dijo. Eso no es lo que ella dijo. De acuerdo con los expertos, eso no puede suceder".
4. Falta de conciencia: "No estoy seguro de lo que la Biblia dice acerca de eso".

Fórmese el hábito de tener fe

1. La fe, como los músculos, necesita desarrollarse.

La fe se desarrolla mediante la constante confianza en la Palabra de Dios. La fe debe ejercitarse en las situaciones de la vida diaria con el fin de que pueda crecer. Hay múltiples oportunidades para

---

LA FE ES...
- Olvidar las cosas imposibles y tener esperanza.
- Creer en la habilidad del Padre para controlar todas las cosas.

- Imaginar el futuro y confiar en el Señor.
- Manejar el temor y confiar en Dios.
- Encontrar seguridad en el Señor en tiempos difíciles.

que usted agilice los músculos de su fe. Cuanto más los use, más fuertes llegarán a ser.

> *La fe verdadera descansa en el carácter de Dios y no pide más prueba que las perfecciones morales de aquel que no puede mentir. Es suficiente con que Dios lo diga.*
> —*A. W. Tozer*

2. *Encuentre lo que Dios ha dicho sobre el tema.*

Cualquiera sea el asunto, encuentre lo que dice la Palabra de Dios acerca del tema. Subráyelo, haga un círculo alrededor y aférrese a lo que haya leído. La Palabra de Dios establece la base para su fe. Ella es la plataforma sobre la cual se afirma la fe. Afírmese en las promesas de Dios.

3. *Olvide sus sentimientos.*

Los sentimientos y la fe no pertenecen al mismo equipo. Ambas cuestiones chocan frecuentemente y siempre se impone la más fuerte. Para que se imponga la fe, los sentimientos no deben tener la última palabra.

4. *Alégrese de que Dios conoce cosas que usted no conoce.*

Es bueno no saber algunas cosas. Hay algunas cosas que sólo Dios conoce. Nosotros no podemos explicarlas; tampoco parecen lógicas, pero usted decide creer en Dios de todas maneras. Nosotros no tenemos que comprenderlas, sólo necesitamos confiar en un Dios soberano que conoce lo que es mejor y que todavía tiene el control de todas las cosas.

5. *Comprenda que Dios es...*

- Todopoderoso: Él puede hacer cualquier cosa y todas las cosas.
- Omnipresente: Él está siempre en todas partes al mismo tiempo y tiene la respuesta exacta a su necesidad.

LAS MANOS DE DIOS SON MÁS GRANDES

Un niño fue a la tienda de la esquina con su madre. El dueño del negocio, un hombre muy amable, le mostró un recipiente lleno de dulces y lo invitó a tomar un puñado con su mano. El niño se echó hacia atrás. Entonces el dueño metió su mano en el recipiente, sacó un puñado de dulces y se lo dio.

Cuando salieron de la tienda, la madre del niño le preguntó por qué había sido tan tímido y no había querido tomar por sí mismo el puñado de dulces ofrecido. El niño respondió: "Porque la mano del dueño es más grande que la mía"[2].

● Omnisapiente: Él conoce cada cosa del pasado, del presente y del futuro, y él conoce exactamente lo que usted necesita, cuándo lo necesita y dónde lo necesita.

6. Compare lo que otros dicen y lo que sus circunstancias están diciéndole con lo que Dios ha dicho en su Palabra.

Elija creer en la Palabra de Dios. A veces esto significa ir en contra de la opinión popular y quedarse solo. La Palabra de Dios permanecerá aún después de que la gente y las circunstancias hayan pasado.

7. Espere en el Señor.

Puede haber un período de prueba antes de que llegue la respuesta, con el propósito de fortalecer su fe. Una fe no probada es

---

¿DÓNDE ESTÁ SU PARAGUAS?

El periodista y entrevistador de televisión Larry King contó acerca de tres campesinos que se reunían diariamente en el campo durante una horrible sequía. Los hombres se ponían de rodillas mirando hacia el cielo y orando para que los cielos se abrieran y derramaran la tan necesaria lluvia.

Desafortunadamente, los cielos permanecieron en silencio y los intercesores se desanimaron, pero continuaron reuniéndose cada mañana para levantar su petición a Dios. Una mañana, un extraño se acercó al grupo y les preguntó qué estaban haciendo. Ellos respondieron:

—Oramos pidiendo lluvia.

El recién llegado los miró y movió la cabeza diciendo:

—No, no me parece que estén pidiendo lluvia.

Uno de los hombres dijo:

—¡Por supuesto que sí! Estamos sobre nuestras rodillas suplicando por lluvia. Mire alrededor y observe la sequía. ¡No hemos tenido lluvia en más de un año!

El extranjero continuó moviendo la cabeza y les advirtió que sus esfuerzos nunca darían resultado. Un segundo campesino intervino y dijo:

—Necesitamos la lluvia; no estamos orando solamente por nosotros, sino también por nuestras familias y por el ganado.

El hombre lo escuchó y siguió moviendo la cabeza negativamente, asegurando que lo que estaban haciendo a él no lo impresionaba.

—Están perdiendo su tiempo —dijo.

El tercer campesino no puedo contenerse, y enojado dijo:

—Muy bien, ¿qué haría usted si estuviera en nuestro lugar?

El visitante les preguntó:

—¿De veras quieren saber lo que yo haría?

Los tres contestaron:

—¡Sin duda deseamos saberlo! El futuro de nuestras tierras está en juego.

El visitante les dijo:

—Yo hubiera traído un paraguas[3].

una fe débil. Usted puede estar seguro de que su fe será blanco de muchas pruebas. Si su fe no es probada, nunca crecerá.

> *Emprenda algo tan imposible que, a menos que Dios intervenga, esté destinado al fracaso.*
> *—John Haggai*

8. Comprenda que no hay manera de agradar a Dios sino es por la fe.

"Sin fe es imposible agradar a Dios" (Hebreos 11:6). Dios ha escogido la fe como la manera por la cual usted puede bendecirlo a él y él puede bendecirlo a usted. Quite su fe y quitará la posibilidad de agradar a Dios.

9. Emprenda algo tan grande que, a menos que Dios participe, esté destinado al fracaso.

Esto frecuentemente ha sido llamado "algo de Dios", algo que solamente Dios puede lograr. "Emprender grandes cosas para Dios, esperar grandes cosas de Dios" es la respuesta de una persona de fe.

10. No mezcle la fe con sus presunciones: no suponga que Dios hará algo que no está dentro de su soberana voluntad.

> *Fe es morir a las dudas, callar al desánimo, ser ciego a los imposibles.*
> *—Autor desconocido*

Los límites de la fe son la voluntad de Dios, tal como la encontramos en su Palabra. Asumir que Dios hará algo que va en contra de lo que él ha dicho es probar a Dios.

EL HÁBITO DE
MOTIVAR

PASAJE GUÍA

Porque ejemplo os he dado, para que así como yo os hice,
vosotros también hagáis.

Juan 13:15

El hábito de Jesús de motivar nos lleva a tomar la decisión de usar todo lo que esté al alcance para animar con el ejemplo a los demás para que sean mejores y hagan lo mejor.

> **La motivación es lo que hace que usted comience algo.**
> **Es el hábito lo que lo pone en marcha.**
> **—Jim Ryan**

Jesús nos mostró cómo motivar

Jesús fue un motivador excepcional. Él actuó, habló y estableció principios para animar a las personas a avanzar, a alcanzar lo más alto y a hacer más de lo que jamás hubieran soñado que era posible. Como si fuera el entrenador de un equipo deportivo, demostró a la gente que se podía vivir la vida en un nivel superior. Jesús sabía cómo ayudar a la gente a ir de lo normal a lo extraordinario, y de lo natural a lo sobrenatural. Motivó a las personas no sólo por medio de sus palabras sino también por medio de su ejemplo.

Jesús nos demostró cómo motivar a las personas. Lea atentamente las siguientes palabras que él mismo compartió con la gente.

Vaya

Le dijo Jesús:

—Si quieres ser perfecto, anda, vende tus bienes y dalo a

94

los pobres; y tendrás tesoro en el cielo. Y ven; sígueme (Mateo 19:21).

Por tanto, id y haced discípulos a todas las naciones, bautizándoles en el nombre del Padre, del Hijo y del Espíritu Santo (Mateo 28:19).

Levántese

Entonces Jesús se acercó, los tocó y dijo:
—Levantaos y no temáis (Mateo 17:7).
Jesús le dijo:
—Levántate, toma tu cama y anda (Juan 5:8).
¿Qué es más fácil? ¿Decir: "Tus pecados te son perdonados", o decir: "Levántate y anda"? (Lucas 5:23).

Crea

No se turbe vuestro corazón. Creéis en Dios; creed también en mí (Juan 14:1).

LLEVANDO A DIOS AL TRABAJO

Según el periódico *USA Today*, las empresas están gastando millones de dólares para animar a sus trabajadores... con muy poco resultado. El artículo declara: "Se han hecho estudios académicos exhaustivos tratando de encontrar qué es lo que motiva a los obreros, y casi no se ha encontrado evidencia de que el gasto invertido en motivación haya hecho una diferencia". La firma Gallup, que hizo la encuesta, analizó su enorme base de datos y determinó en marzo del 2001 que el 55% de los empleados no siente entusiasmo por su trabajo. Gallup usa la expresión "no comprometidos"; basados en varios criterios, incluyendo lealtad y el deseo de mejorar el rendimiento en el trabajo. Uno de cada cinco empleados (el 19%) está tan falto de interés o tan negativo respecto de su trabajo que termina envenenando el lugar de trabajo, al punto que las empresas prefieren despedir a esta clase de empleados cuando llaman para avisar que están enfermos. Además, en el artículo, Spencer Johnson, autor del libro *¿Quién se llevó mi queso?*, declara que él cree que "la investigación puede, algún día, demostrar que la única motivación duradera vendrá de los empleados que la traen espiritualmente en forma de Dios o algo parecido que los motive a 'desarrollar un propósito más alto'".

> **Hay sólo una manera de hacer que alguien haga algo. ¿Ha pensado alguna vez en eso? Sí, sólo una manera. Y esa es hacer que la persona desee hacerlo.**
> —Dale Carnegie

Pida, busque, llame

Si me pedís alguna cosa en mi nombre, yo la haré (Juan 14:14).

Pedid, y se os dará. Buscad y hallaréis. Llamad, y se os abrirá. Porque todo el que pide recibe, el que busca halla, y al que llama se le abrirá (Mateo 7:7, 8).

Tome su cruz, niéguese a sí mismo y siga a Jesús

Decía entonces a todos

—Si alguno quiere venir en pos de mí, niéguese a sí mismo, tome su cruz cada día y sígame (Lucas 9:23).

Venga

Venid a mí, todos los que estáis fatigados y cargados, y yo os haré descansar (Mateo 11:28).

Y él dijo:

—Ven.

Pedro descendió de la barca y caminó sobre las aguas, y fue hacia Jesús (Mateo 14:29).

Sea valiente

Os he hablado de estas cosas para que en mí tengáis paz. En el mundo tendréis aflicción, pero ¡tened valor; yo he vencido al mundo! (Juan 16:33).

Arrepiéntase

Y diciendo: "El tiempo se ha cumplido, y el reino de Dios se ha acercado. ¡Arrepentíos y creed en el evangelio!" (Marcos 1:15).

Con Dios todas las cosas son posibles

Jesús los miró y les dijo:

—Para los hombres esto es imposible, pero para Dios todo es posible (Mateo 19:26).

¿Cuáles son los enemigos del hábito de motivar?

1. Pereza: "Yo ni siquiera puedo motivarme a mí mismo; ¿cómo, pues, voy a motivar a otros?".
2. Indiferencia: "¿Y luego qué?".
3. Comodidad: "Simplemente no deseo cambiar".

Fórmese el hábito de motivar

1. Encuentre su propia motivación en Cristo leyendo diariamente su Palabra y haciendo su voluntad.

No hay motivación como la que proviene del encuentro diario con Dios por medio de la disciplina del estudio de la Biblia y la oración. Esta disciplina le provee el necesario empuje para continuar avanzando.

A 70 psicólogos se les preguntó: "¿Cuál es la cuestión esencial de la naturaleza humana que un supervisor debe conocer?". Dos tercios señalaron que lo más importante es "la motivación y la comprensión de lo que hace a las personas pensar, sentir y actuar como lo hacen".
—Roy Zuck[2]

2. Crea que usted tiene poder, por medio de Cristo, para cambiar el mundo.

Esto significa tomar en serio la declaración de Pablo: "Todo lo puedo en Cristo que me fortalece" (Filipenses 4:13). No es por causa de alguna fuerza propia, sino por el poder que viene de la tumba vacía. Vivir la experiencia del poder de la resurrección nos da la confianza de que las cosas pueden cambiar.

3. Viva una vida que motiva a los demás a ir más allá de donde están.

Sea el modelo. Sea una demostración viviente de que las personas pueden ser mejores y pueden hacer más de lo que se espera de ellas. Como el apóstol Pablo, debemos estar dispuestos a decir: "Hagan como yo". Los que dicen que nunca se debe decir eso se interponen en el camino de aquellos que desean avanzar.

4. Sea positivo y motivador.

Permita que sus palabras motiven a las personas a alcanzar niveles más altos. Las palabras son el instrumento más poderoso del mundo. Nuestras palabras pueden convertirse en poder en las manos de Dios y ser usadas para el bien. Salomón nos dice que la vida y la muerte están en el poder de la lengua. Use la totalidad de su vida y exprese palabras de esperanza para motivar a las personas a vivir la vida al máximo.

5. Crea que todo es posible por medio de Dios.

Este concepto debe estar inmerso en nuestro sistema central de creencias. "Dios puede" es el secreto filosófico de la vida. No hay imposibles para Dios. Nada es muy difícil para él y ninguna situación lo toma de sorpresa.

6. Atrévase a soñar en grande y comunique ese sueño; invite a otros a ser parte de él.

Nuestra vida siempre debe tener algo del tamaño de Dios, algo que sea tan grande que sólo Dios pueda hacerlo. Personalmente, mantengo una lista de oración titulada: "Las 10 cosas imposibles que le estoy pidiendo a Dios que haga". Es mi manera de ayudarme a pensar en cosas mayores que las que están a mi alcance.

DE AQUÍ A LA META

Durante el maratón olímpico del año 1968, el mundo vio un cuadro exacto de lo que es el compromiso. John Akhwari corría por Tanzania, y aunque no ganó la carrera, se ganó los corazones de todos los que lo vieron correr. Casi al comienzo de la carrera, Akhwari se cayó y se golpeó. La mayoría de los corredores hubiera abandonado la carrera para recibir atención médica, pero en esa fría noche en la ciudad de México, John Akhwari se levantó y se vendó rápidamente la pierna que sangraba. El golpe y la herida hicieron su impacto, pero ese determinado hombre de Tanzania decidió no abandonar la carrera. Continuó corriendo, aunque iba a varias millas de distancia del grupo mayor de corredores. Finalmente, una hora después de que todos los corredores habían terminado, John Akhwari llegó al estadio, que para entonces estaba completamente vacío de espectadores. Corrió la última vuelta lentamente y cruzó la línea final literalmente solo. Bud Greenspan, un respetado comentarista de deportes, observó el espectáculo a la distancia. Estaba tan intrigado por ese heroico final, que se acercó al casi exhausto corredor y le preguntó por qué había continuado la carrera después de haber sufrido una herida tan seria. John Akhwari respondió: "Mi país no me envió a 15.000 kilómetros de distancia para comenzar la carrera. Me envió para terminarla"[3].

7. Rodéese de personas que creen que "sí se puede".

No se aferre a personas negativas. Las actitudes de las personas con quienes se pasa mucho tiempo comienzan a imitarse. Las personas negativas lo hundirán, mientras que las positivas lo impulsarán hacia arriba.

8. Recuerde que el fracaso es el mejor maestro.

Cuando fracase, hágase amigo del fracaso. Cuando fracasamos, aprendemos algunas lecciones que jamás aprenderíamos de otra manera. La historia está llena de lecciones que nos enseñan cómo las más grandes bendiciones y resultados han surgido de entre las cenizas de un fracaso. El éxito futuro depende de la respuesta de la persona al fracaso.

9. No acepte como respuesta un "así son las cosas".

Esta declaración está repleta de actitudes negativas. Yo la llamo "una concesión mental"; porque quiere decir que no se puede hacer nada para cambiar la situación.

10. Concéntrese en quienes suelen estar motivados.

Use su tiempo sabiamente. Muchas personas desean estar motivadas; desean ir más allá de donde están; sólo necesitan a alguien que las anime a hacerlo. Algunas personas simplemente no desean ser motivadas. No debemos invertir demasiado tiempo intentando motivar a quienes no desean ser más de lo que son actualmente.

EL HÁBITO DE
MANEJAR LA CRÍTICA
EFECTIVAMENTE

PASAJE GUÍA

Nadie le podía responder palabra,
ni nadie se atrevió desde aquel día a preguntarle más.

Mateo 22:46

El hábito de Jesús de manejar la crítica en su favor significa tomar la decisión de responder a la crítica con amor, verdad y humildad; algunas veces sin una respuesta del todo visible, demostrando así el amor de Dios y permitiendo que él nos defienda.

> *Si alguien le dice que usted es un caballo, ignórelo; si dos personas le dicen que usted es un caballo, preste atención; si tres personas le dicen que usted es un caballo, cómprese una silla de montar.*
> —Proverbio persa

Jesús nos mostró cómo manejar la crítica efectivamente

Frecuentemente, Jesús fue blanco de críticas; sin embargo, siempre las manejó adecuadamente. La crítica, sin duda, debe haberle dolido, pero él nunca permitió que esto lo debilitara o le impidiera hacer su tarea. Jesús fue muy criticado por los líderes religiosos. Lamentablemente, la gente religiosa puede ser muy criticona. Aun cuando Jesús estaba en la cruz, estuvo sometido a la crítica de los soldados, las multitudes y uno de los ladrones que moría a su lado.

Cualquiera que intenta hacer grandes cosas, cosas maravillosas, cosas que solamente Dios puede hacer; quien hace grandes planes, establece metas majestuosas, da pasos de fe y asume los desafíos de hacer algo casi siempre será criticado.

Jesús fue criticado porque los líderes religiosos tenían celos y se sentían amenazados por su popularidad

Entonces fue traído a él un endemoniado, ciego y mudo; y le sanó, de manera que el mudo hablaba y veía. Toda la gente estaba atónita y decía:

—¿Acaso será éste el Hijo de David?

Pero al oírlo, los fariseos dijeron:

—Este no echa fuera los demonios sino por Beelzebul, el príncipe de los demonios (Mateo 12:22-24).

Jesús fue un hombre de verdad. Sus milagros se debieron al poder de Dios. Los líderes religiosos permitieron que sus celos se convirtieran en críticas. Algunas veces, la gente critica lo que no puede comprender. La gente que está celosa a menudo manifiesta sus celos por medio de la crítica.

Jesús fue criticado por su fe

Los principales sacerdotes, los ancianos y todo el Sanedrín buscaban falso testimonio contra Jesús, para que le entregaran a muerte. Pero no lo hallaron, a pesar de que se presentaron muchos testigos falsos. Por fin se presentaron dos, y dijeron:

¿QUIÉN ES JOHNNY CARSON?*

Si usted conoce a Jay Leno, Johnny Carson o el programa *The Tonight Show*, puede encontrar una interesante lección surgida de los estudios de televisión de la NBC. Cuando Leno se convirtió en el nuevo anfitrión del programa *The Tonight Show*, se sintió realmente incómodo. Críticas desfavorables lo comparaban con su antecesor Johnny Carson. Frente a semejantes críticas, cualquiera hubiera pensado que Leno se sentiría preocupado en medio de los problemas, pero realmente jamás se preocupó demasiado. De hecho, conservó un montón de reseñas desagradables en su escritorio, para inspirarse. Una crítica decía: "Demasiadas preguntas débiles". En otra se leía: "Está siendo demasiado amable". Estas palabras no molestaron a Leno, aunque habían sido escritas en 1962, y estaban dirigidas al reemplazante de Jack Paar, "un torpe desconocido llamado Johnny Carson". Pocas personas triunfan sin críticas[1].

* Johnny Carson estuvo por cerca de 30 años frente al programa *The Tonight Show* en los Estados Unidos de América. Dirigió 4.531 programas que fueron muy populares y de mucho éxito.

—Este dijo: "Puedo derribar el templo de Dios y edificarlo en tres días".

Se levantó el sumo sacerdote y le dijo:

—¿No respondes nada? ¿Qué testifican éstos contra ti?

Pero Jesús callaba (Mateo 26:59-63).

La fe de Jesús en su Padre y su creencia en la Palabra de Dios acerca de que iba a morir y que resucitaría al tercer día hizo que los líderes religiosos lo criticaran. Muchas veces nosotros seremos criticados en el trabajo o en la escuela por nuestra fe. Nosotros, por cierto, no somos superiores a Jesús.

> **Si las personas hablan mal de ti, vive de manera tal que nadie pueda creerles.**
> **—Platón**

En algunas ocasiones, Jesús respondió a las críticas guardando silencio

Jesús estuvo de pie en presencia del procurador, y el procurador le preguntó diciendo:

—¿Eres tú el rey de los judíos?

Jesús le dijo:

—Tú lo dices.

Y siendo acusado por los principales sacerdotes y por los ancianos, no respondió nada (Mateo 27:11, 12).

El silencio no significaba que Jesús no sabía que las críticas merecían una respuesta. En algunas situaciones, el silencio es la mejor respuesta a la crítica.

En algunas ocasiones, Jesús consideró el origen de las críticas y las ignoró

Entonces Pilato le dijo:

—¿No oyes cuántas cosas testifican contra ti?

Él no le respondió ni una palabra, de manera que el procurador se maravillaba mucho (Mateo 27:13, 14).

Algunas personas son permanentemente críticas. La única respuesta correcta es no responderles o ignorar sus críticas.

Cuando lo creyó conveniente, Jesús respondió a las críticas y puso las cosas en orden

Entonces se fueron los fariseos y consultaron cómo podrían enredarle en alguna palabra. Después enviaron a él discípulos de ellos, junto con los herodianos, diciendo:

—Maestro, sabemos que eres hombre de verdad, que enseñas el camino de Dios con verdad y que no te cuidas de nadie; porque no miras la apariencia de los hombres. Dinos, pues, ¿qué te parece? ¿Es lícito dar tributo al César, o no?

Pero Jesús, entendiendo la malicia de ellos, les dijo:

—¿Por qué me probáis, hipócritas? Mostradme la moneda del tributo.

Ellos le presentaron un denario. Entonces él les dijo:

—¿De quién es esta imagen y esta inscripción?

Le dijeron:

—Del César.

Entonces él les dijo:

—Por tanto, dad al César lo que es del César, y a Dios lo que es de Dios.

Al oír esto, se maravillaron; y dejándole, se fueron (Mateo 22:15–22).

Los fariseos pensaron que habían atrapado a Jesús en lo relacionado con el pago de impuestos. Su respuesta los silenció. Hay ocasiones en las que necesitamos hablar firmemente, aportar datos y acallar un rumor.

> *En una conferencia de prensa, Billy Graham fue criticado. Entonces se levantó y oró: "¡Oh, Señor!, por favor, ayúdanos a no ser jamás culpables de lo que nuestros críticos dicen de nosotros".*
> —*T. W. Wilson*[2]

¿Cuáles son los enemigos del hábito de manejar la crítica efectivamente?

1. Estar a la defensiva: "No voy a permitir que me diga esto".
2. Enojo: "Usted realmente me incomoda".

3. Orgullo: "¡Cómo se atreve a preguntarme eso!".

4. Venganza: "Esto no se va a quedar así".

5. Resentimiento: "Eso no se lo perdono".

Fórmese el hábito de manejar la crítica efectivamente

1. Si usted se atreve a hacer algo para Dios o a favor del bien, espere críticas.

No se trata de si llegarán o no, sino de *cuándo*, porque las críticas vendrán a su paso si usted sigue a Dios. No se sorprenda cuando alguien dice algo o hace algo para que usted sepa que él o ella no aprueban su compromiso con Dios.

CALLANDO A UN BOCÓN

Permítame compartir con usted la historia de Precesso Marcellos, un filipino que no terminó la escuela secundaria, conoció a Jesús como su Salvador personal y llegó a ser evangelista, incluso llegó a tener un programa radial por muchos años. Escuche cómo este hombre presentó a Jesús en cierta circunstancia.

Se le pidió que oficiara el funeral de un pastor muy conocido en las Filipinas. Entre los participantes estaba también un conocido crítico del cristianismo. Mientras Precesso predicaba, el crítico se puso de pie y dijo:

—Quisiera hacer una pregunta.

El predicador le dijo:

—Estoy en la mitad de mi mensaje. Permítame terminar y luego responderé a su pregunta.

Cuando Precesso terminó el sermón, le preguntó al hombre:

—Bien, ¿cuál es su pregunta?

—Su Jesús dice que usted hará grandes obras como las que él hizo. ¿Qué grandes obras ha hecho usted?

Precesso respondió:

—Bien, Jesús sólo pudo predicar ante unos cuantos miles de personas, pero por medio de la radio yo he tenido la oportunidad de predicar a millones.

El crítico dijo:

—No, eso no es lo que yo quiero decir. ¿Puede usted resucitar a los muertos como Jesús? Si usted puede hacer grandes obras, entonces levante a este hombre de la muerte.

El predicador respondió:

—Jesús eligió a quienes quiso levantar de entre los muertos. Él no iba caminando por allí resucitando a todos.

El crítico continuó:

—Entonces, ¿a quién elige usted para resucitar de entre los muertos?

Precesso dijo:

—Lo elijo a usted. Por favor, suicídese y yo lo resucitaré. Si puedo hacerlo, usted sabrá que estoy en lo correcto, pero si no lo logro, usted estará en lo correcto.

La gente se rió a carcajadas y el crítico fue silenciado.

2. Considere el origen de las críticas.
Frente a algunas personas usted se encontrará diciendo: "Aquí viene de nuevo...". Algunas personas viven criticando. Cuando esté frente a ellas, esté preparado, porque probablemente van a

> *Cuando seas atacado por un dragón, no te vuelvas como él.*
> *—Marshall Shelley[3]*

decirle algo crítico o negativo. En lugar de hacer caso a lo que dicen, olvide la crítica tomando en cuenta quién es el que la hace.

3. Asista a "la universidad de la crítica".
Aprenda todo lo que pueda a través de la crítica. Pregúntese: "¿Hay algo cierto en eso?". Si es así, pida perdón y haga lo correcto. Algunas críticas tienen algo de verdad y pueden ayudarlo a mejorar. Exprima cada pedazo de información contenido en la crítica. No tema pedir disculpas cuando la crítica es cierta. Es mucho más fácil admitir sus errores que tratar de defenderse.

4. Permita que la persona termine de hablar.
No interrumpa. Esto puede ser difícil, ya que nuestra primera reacción es defendernos. Escuche todo lo que la persona le dice. Deje que la persona hable. Cuanto más habla la gente, más puede aprender. Escuchar atentamente le dará la oportunidad de encontrar la respuesta correcta cuando el otro haya terminado.

5. Solicite a la persona que ore por usted y le ayude.
Sea genuino en esto. Pida la oración de la persona. Pida a la persona que lo critica que tome esta área de preocupación y la lleve diariamente al Señor en oración a favor de usted. No se sienta orgulloso de haberle dado la oportunidad de recibir una bendición por su manejo positivo de la crítica. Todos podemos mejorar.

6. Puede ser que usted deba guardar silencio y deba agradecerle a la persona que lo critica.
En algunas ocasiones, no decir nada puede ser su mejor opción. Sonría; no sea malicioso para con la persona que lo critica. Sea amable y gentil; agradézcale y deje las cosas como están.

7. Si alguien ha dañado su reputación, comparta la verdad en amor, pero no ataque a la persona.
Separe la crítica del crítico. Aun si su credibilidad está siendo

dañada, vaya más allá de la crítica. En amor, confronte la crítica con la verdad y luego déjelo en las manos de Dios.

8. Ore por quienes lo critican.

Escriba sus nombres en una lista y ore por ellos todos los días. Es difícil mantener el resentimiento hacia alguien a quien usted ha hecho motivo de sus oraciones. Pida a Dios que bendiga a sus críticos y les provea la sabiduría para ver la verdad y aceptarla.

9. Confíe en que si usted actúa correctamente, el tiempo y la verdad serán sus mejores aliados.

Si usted hace lo correcto, tarde o temprano la verdad saldrá a la luz. La verdad es vindicada a través del tiempo. Deje que Dios lo defienda. Se sorprenderá al saber que quienes lo critican descubrirán que lo que usted dijo e hizo era lo correcto.

10. Haga algo bueno en favor de sus críticos.

Esto lo ayudará a no guardar rencor. Exprese amabilidad hacia quien lo critica. Haga de esto una prioridad: muestre a sus críticos el amor de Jesús de manera práctica.

EL HÁBITO DE
DAR PRIORIDAD
A LA FAMILIA

PASAJE GUÍA

¿No es éste el hijo del carpintero? ¿No se llama su madre María, y sus hermanos Jacobo, José, Simón y Judas? ¿No están todas sus hermanas con nosotros? ¿De dónde, pues, le vienen a éste todas estas cosas?'

Mateo 13:55, 56

El hábito de Jesús de dar prioridad a la familia implica el tomar la decisión constante y consistente de poner a su familia y sus necesidades antes que a usted, y darle prioridad por encima de otras personas, trabajo, recreación y de cualquier otra cosa.

> *La familia es el lugar donde los principios se forjan y afilan sobre el yunque del diario vivir.*
> *—Charles Swindoll*

Jesús nos mostró cómo dar prioridad a la familia

Jesús demostró el compromiso hacia la familia. Como hombre, tuvo una familia terrenal; como Dios, fue creador de una familia espiritual; y por medio de su sacrificio, todos nosotros podemos tener un mismo Padre.

Porque el Hijo del Hombre ha venido a buscar y a salvar lo que se había perdido (Lucas 19:10).

El propósito de este estudio, sin embargo, es poner nuestra atención en la familia terrenal de Jesús y ver cómo se relacionó él con los miembros de su familia.

Jesús honró a su familia

¿No es éste el hijo del carpintero? ¿No se llama su madre María, y sus hermanos Jacobo, José, Simón y Judas? ¿No

107

están todas sus hermanas con nosotros? ¿De dónde, pues, le vienen a éste
todas estas cosas? (Mateo 13:55, 56).

> *Las personas que dan prioridad a su familia, en general, llegan a ser más exitosas.*
> —*Derk Maul*

Vemos a Jesús obedeciendo a su madre María y a José. Amó a sus hermanos
y hermanas. Honró a José trabajando
con él durante 30 años en el negocio familiar, un taller de carpintería. Jesús guardó el quinto mandamiento.

> Honra a tu padre y a tu madre, para que tus días se pro-
> longuen sobre la tierra que Jehovah tu Dios te da (Éxodo
> 20:12).

Su vida, muerte y resurrección tuvieron un impacto evidente en
sus medios hermanos Santiago y Judas. Ambos escribieron libros
que aparecen en la Biblia y llegaron a ser líderes en las primeras
iglesias del Nuevo Testamento.

Su familia es el mejor lugar que usted tiene para ejercer su
influencia. El modo en el que se relacione con su familia definirá el
impacto de su cristianismo.

Jesús se identificó con su familia

La familia de Jesús fue una familia humilde. No tenían ni riquezas ni prestigio. El pueblo donde creció, Nazaret, no era reconocido por ningún evento histórico significativo. Sin embargo, Jesús
amó a los habitantes de su pueblo y se identificó con ellos.

¿CUÁNTO CUESTA UNA HORA DE TU TIEMPO?

Un padre llegó a su hogar cansado y fastidiado. Su hijo le preguntó cuánto ganaba por hora. El padre le respondió de mala manera: "Gano $20 por hora". Un rato después, el hijo le volvió a preguntar si le podría prestar $10. Para entonces, el padre estaba muy irritado y le pidió que dejara de molestarlo. Hacia el final de la tarde, el padre se dio cuenta de que había sido grosero con su hijo, fue a buscarlo a su cuarto y le dio los $10. El niño corrió a sacar debajo de su almohada un manojo de arrugados billetes de $1. El padre no se pudo contener y le preguntó por qué estaba pidiendo dinero si ya tenía algo guardado. El muchacho respondió: "Porque no tenía suficiente; pero ahora sí lo tengo. Papá, ¿puedo comprar una hora de tu tiempo?"[1].

¿No es éste el carpintero, hijo de María y hermano de Jacobo, de José, de Judas y de Simeón? ¿No están también sus hermanos aquí con nosotros?

Y se escandalizaban de él (Marcos 6:3).

No niegue a su familia. Dios se la dio por una razón. Puede ser que sea una familia disfuncional, pero Dios puede usarla, y puede usarlo a usted para mejorarla.

Uno de las últimas cosa que Jesús hizo antes de morir en la cruz fue mostrar su amor y cuidado hacia su madre

> Cuando Jesús vio a su madre y al discípulo a quien amaba, de pie junto a ella, dijo a su madre:
>
> —Mujer, he ahí tu hijo.
>
> Después dijo al discípulo:
>
> —He ahí tu madre.

> *La familia es la unidad esencial de gobierno. Como la primera comunidad con la cual una persona se relaciona, y la primera forma de autoridad bajo la cual una persona aprende a vivir, la familia establece los valores básicos de la sociedad.*
> —**Charles Colson**

Y desde aquella hora el discípulo la recibió en su casa (Juan 19:26, 27).

El pecado del mundo recayó totalmente sobre Jesús. La eternidad fue puesta en la balanza. Los clavos estaban en sus manos y pies; Jesús había sido golpeado hasta quedar irreconocible y sangraba profusamente. El pecado del mundo estaba sobre él y lo había separado del Padre. Estaba solo, herido como nadie jamás lo ha sido. En esa condición, miró a Juan y le dijo: "Cuida de mi madre. Llévala a tu casa y trátala como si fuera tu propia madre".

¿Cuáles son los enemigos del hábito de dar prioridad a la familia?

1. Tiempo: "Uno de estos días lo haré...".
2. Trabajo: "Tengo que trabajar para vivir".
3. Egoísmo: "¿Quién se ocupa de mis necesidades?".

Fórmese el hábito de dar prioridad a su familia

1. Reconozca que Dios estableció que la prioridad que usted debe tener en la tierra es su familia.

Este es el orden de prioridades de Dios. La familia que Dios le ha dado debe ser su primera prioridad, después de su relación con Jesucristo. La familia es la primera institución que Dios estableció.

2. En orden de prioridades de Dios, primero está su matrimonio y luego sus hijos.

Es un gravísimo error que los padres pongan a sus hijos antes de que a su cónyuge. Cuando dan prioridad a su cónyuge, el matrimonio se fortalece. Un matrimonio fuerte es el mayor aliado de la familia.

3. Admita que usted no puede dar prioridad a su familia sin el poder de Dios.

Ser cónyuge y padre o madre de acuerdo con lo que indican las Escrituras requiere la intervención de Dios en su vida. El matrimonio y la paternidad pueden ser maravillosos, pero también constituyen la más desafiante tarea que jamás se nos presente. Con la ayuda de Dios, nuestra familia puede ser la mayor experiencia de nuestra vida.

4. Reserve tiempo para su familia en su calendario.

Si algo no se escribe en un calendario, probablemente nunca ocurre. Aunque prevemos casi todas las actividades de nuestra vida, muy frecuentemente olvidamos tomar nota de aquellas que son las más importantes. Debemos prever en un calendario el tiempo que pasaremos con la familia semana tras semana. Tanto la cantidad como la calidad de tiempo que pasamos juntos son esenciales.

LA FAMILIA DE HOY NO ES COMO LA DE NUESTROS ABUELOS

La oficina del Censo de los Estados Unidos de América ha publicado varios hallazgos interesantes sobre la familia estadounidense en los años 90. Los hogares formados por parejas sin casarse creció casi el 72% durante una década. Los hogares donde vive sólo la madre o el padre se incrementaron un 25% y 62% respectivamente.

Y, por primera vez, la proporción de familias integradas descendió 25%. Un 33% de los nacimientos corresponden a madres solteras, a diferencia del 3,8% en 1940. La cohabitación se ha incrementado cerca del 1.000% entre 1960 y 1998[2].

5. Sea como Jesús en su familia: sirva a cada uno de sus miembros.

Esto se aplica especialmente a los padres, a quienes Dios ha colocado como guías espirituales en el hogar. Cada miembro de la familia debe verse a sí

> *Del modo en que marcha la familia, así marcha la nación y así marcha el mundo en que vivimos.*
> —Juan Pablo II

mismo como representando a Jesús dentro de su familia. Recuerde que Jesús vino para servir y no para ser servido.

6. Coman juntos por lo menos una vez al día y oren juntos al hacerlo.

Nuestra sociedad ha abandonado este hábito y los efectos son negativos. La comida es un tiempo para compartir, tener compañerismo, escuchar, sonreír, hacer preguntas y reafirmarse el uno al otro. Es el momento para estar juntos con los demás. Después de comer, permanezcan algún tiempo sentados a la mesa conversando. Quizás haya que hacer algunos sacrificios para que esto sea posible, pero sin duda la recompensa merece el esfuerzo.

7. Si su trabajo está dañando a su familia, ajuste su horario o cambie de trabajo.

Su familia debe tomar prioridad sobre su trabajo. Sin duda, habrá épocas excepcionales en las que usted tendrá que hacer un sacrificio

---

SI USTED DESEA UNA FAMILIA FUERTE

Una investigación nacional sobre familias fuertes, conducida por el Departamento de Desarrollo Humano y Familiar de la Universidad de Nebraska-Lincoln, detalla características de una familia fuerte:

Reconocimiento. Los miembros de la familia ofrecen unos a otros sinceras palabras de felicitación y otras cálidas demostraciones de aprobación. Todos tratan de hacer que los miembros de la familia se sientan apreciados y amados.

Habilidad de tratar con las crisis de manera positiva. Las familias están dispuestas a tomar una situación difícil, buscar algo positivo en ella y darle la debida atención.

Tiempo para estar juntos. Las familias estructuran sus calendarios para tener tiempo para compartir juntos todas las áreas de su vida: comidas, trabajo, recreación.

Un alto grado de compromiso. Las familias que promueven la felicidad y el bienestar de cada uno de sus miembros, invierten tiempo y energía unos con otros. También se escuchan atentamente, lo cual muestra respeto.

Un alto grado de orientación religiosa. No todas las familias observadas pertenecían a una iglesia organizada, pero se consideraban a sí mismas altamente religiosas[3].

> *Según mi perspectiva, nuestra sociedad no puede ser más estable que el cimiento de cada familia particular en la cual se apoya. Nuestro gobierno, nuestras instituciones, nuestras escuelas y ciertamente nuestra manera de vivir dependen de matrimonios saludables y leales a los pequeños niños indefensos que juegan alrededor de nuestros pies.*
> —James Dobson

adicional para cumplir con su trabajo. Nadie ha llegado al final de su vida diciendo: "Desearía haber tenido más tiempo para trabajar". Muchos sin embargo, lamentan no haber pasado más tiempo con su familia.

8. Escuche a su familia.

Cada miembro de la familia debe tener voz. Se trate de los padres o de los niños, cada uno debe ser escuchado atentamente por los demás. Llegue a ser accesible a su familia, provéales la libertad de decir cómo se sienten.

9. Diviértanse juntos.

Rían juntos. Coloque en las paredes de su casa fotografías de tiempos felices con la familia. Todos podrán mirarlas y recordar las cosas graciosas que les pasaron. Produzca deliberadamente momentos felices dentro de su hogar. El humor es un gran tesoro de la familia.

10. Viva de acuerdo con los principios de la Biblia y no por ciertas reglas impuestas.

La gran diferencia entre estas dos formas de vivir es la actitud con la cual se presentan. Un hogar dirigido por reglas impuestas puede ser frío y legalista, ya que las reglas serán más importantes que las personas. Sin duda, debe haber reglas en el hogar, pero esas reglas deben estar basadas en principios bíblicos que extraen lo mejor de cada persona.

11. Asistan a la iglesia todos juntos.

Adorar a Dios juntos en la iglesia y con frecuencia fortalece tremendamente el matrimonio y las relaciones entre los miembros de la familia. Asistir a la iglesia sólo de vez en cuando, o no tener una iglesia como su familia de fe, daña el efecto que la asistencia consistente a la iglesia ofrece.

EL HÁBITO DE
OBEDECER

PASAJE GUÍA

*Si guardáis mis mandamientos, permaneceréis en mi amor;
como yo también he guardado los mandamientos de mi Padre
y permanezco en su amor.*

Juan 15:10

El hábito de Jesús de obedecer nos lleva a tomar la decisión de actuar según la voluntad de Dios, basados en lo que él ha dicho en su Palabra, y buscar la dirección del Espíritu Santo cuando no encontremos indicaciones específicas en las Escrituras

> **Usted nunca va a
> equivocarse si elige
> obedecer a Dios.**
> **—Anónimo**

Jesús nos mostró cómo ser obedientes

Jesús siempre, en toda circunstancia, obedeció al Padre. Su vida fue un "sí" a su voluntad. El impacto de Jesús fue el resultado de su total e instantánea obediencia. Nuestra salvación dependió de la obediencia de Jesús.

Jesús tuvo muchas oportunidades de evitar la voluntad del Padre, pero no lo hizo

Entonces Jesús fue llevado por el Espíritu al desierto, para ser tentado por el diablo. Y después de haber ayunado cuarenta días y cuarenta noches, tuvo hambre. El tentador se acercó y le dijo:

—Si eres Hijo de Dios, di que estas piedras se conviertan en pan.

Pero él respondió y dijo:

—Escrito está: No sólo de pan vivirá el hombre, sino de toda palabra que sale de la boca de Dios.

Entonces el diablo le llevó a la santa ciudad, le puso de pie sobre el pináculo del templo, y le dijo:

—Si eres Hijo de Dios, échate abajo, porque escrito está: A sus ángeles mandará acerca de ti,

y en sus manos te llevarán,

de modo que nunca tropieces

con tu pie en piedra.

Jesús le dijo:

—Además está escrito: No pondrás a prueba al Señor tu Dios.

Otra vez el diablo le llevó a un monte muy alto, y le mostró todos los reinos del mundo y su gloria. Y le dijo:

—Todo esto te daré, si postrado me adoras.

Entonces Jesús le dijo:

—Vete, Satanás, porque escrito está: Al Señor tu Dios adorarás y a él solo servirás.

Entonces el diablo le dejó, y he aquí, los ángeles vinieron y le servían (Mateo 4:1-11).

Satanás tentó a Jesús ofreciéndole tres alternativas para evitar la cruz. Jesús luchó para obedecer a Dios. Obedecer no siempre es fácil. Satanás nos obligará a dar pelea. Nuestra carne va a luchar.

Desde entonces, Jesús comenzó a explicar a sus discípulos que le era preciso ir a Jerusalén y padecer mucho de parte de los ancianos, de los principales sacerdotes y de los escribas, y ser muerto, y resucitar al tercer día. Pedro le tomó aparte y comenzó a reprenderle diciendo:

—Señor, ten compasión de ti mismo. ¡Jamás te suceda esto!

Entonces él volviéndose, dijo a Pedro:

—¡Quítate de delante de mí, Satanás! Me eres tropiezo, porque no piensas en las cosas de Dios, sino en las de los hombres (Mateo 16:21-23).

Aun los discípulos más allegados a Jesús intentaron que él evitara el camino hacia la cruz. Satanás puede usar a quienes tienen buenas intenciones para impedirnos hacer lo que el Padre nos ha mandado.

Jesús nos hace saber que la obediencia tiene un costo
—Padre, si quieres, aparta de mí esta copa; pero no se haga mi voluntad, sino la tuya (Lucas 22:42).

NO HAY POLLO LOS DOMINGOS

Truett Cathy logró responder la pregunta "¿Qué hubiera hecho Jesús en mi lugar?" haciendo negocios a la manera de Dios. Él es el fundador de la cadena de restaurantes Chick-fil-A (en los Estados Unidos de América); es un exitoso empresario aunque para algunas personas es más conocido, y respetado, por dejar que la fe guíe sus negocios. Aquí hay algunos ejemplos:

Los restaurantes de Cathy han permanecido cerrados todos los domingos desde 1948. Sin embargo, su cadena hoy cuenta con casi 1.000 restaurantes, demostrando así que honrar el día del Señor no implica pérdidas millonarias.

Para abrir su primer restaurante, él contrató a Eddie J. White, un estadounidense de piel negra de 12 años de edad. Se trataba de una elección bastante impopular en aquellas épocas de segregación racial en los Estados Unidos de América. Lo mismo hizo con un huérfano llamado Woody Faulk, que en ese entonces tenía 13 años de edad. Actualmente, Woody es vicepresidente de desarrollo de productos de Chick-fil-A.

Cathy desarrolló un exitoso sistema de hogares de adopción denominado *WinShape Homes*. Actualmente hay 11 nuevos hogares de adopción en los Estados Unidos de América y uno más en Brasil. Su hija Trudy y su yerno John fueron misioneros en el hogar de Brasil durante 10 años. La Fundación *WinShape* provee becas de estudio para niños en edad escolar.

Uno de sus principios favoritos dice que "es más fácil construir niños y niñas que remendar hombres y mujeres". Las comidas para niños de Chick-fil-A no se venden con muñecos de las últimas películas del cine. Chick-fil-A ofrece sus productos con libros, y mensajes en audio de "Aventuras de odisea" de Enfoque a la Familia y materiales edificantes. Woody Faulk nos brinda un buen perfil del carácter de Cathy: "Mucha gente cree que Truett es como un papá Noel, pero se equivocan. Él te acompaña tanto como tú aprendes cada lección en el proceso de aprendizaje. Truett es la personificación de Santiago 1:22: Pero sed hacedores de la palabra, y no solamente oidores, engañándoos a vosotros mismos. Sinceramente, yo le debo mi vida a ese hombre"[1].

> *El costo de la obediencia es pequeño comparado con el costo de la desobediencia.*
> —*Anónimo*

En el jardín de Getsemaní, el Padre le mostró a Jesús el costo de su misión. Jesús volvió a responder: "Sí, lo pagaré". Hay un precio por la obediencia. Frecuentemente, la obediencia requiere que abandonemos nuestra conveniencia y comodidad en el altar del sacrificio.

La base de Jesús para obedecer fue las Sagradas Escrituras

Después de esto, sabiendo Jesús que ya todo se había consumado, para que se cumpliera la Escritura, dijo:

—Tengo sed (Juan 19:28).

Jesús conocía el Antiguo Testamento y comprendía lo que Dios deseaba que él hiciera por medio de las Escrituras. Conocer la Palabra de Dios nos ilumina acerca de lo que Dios requiere de nosotros. La obediencia es nuestra respuesta correcta a las Escrituras.

¿Cuáles son los enemigos del hábito de obedecer?

1. La carne: "No deseo hacer eso".
2. Satanás: "Hay un camino más fácil".
3. Dejar para más tarde: "Permítame pensar en eso. Por ahora… no".
4. Conveniencia: "Hay que conceder demasiado".
5. La gente: "¿Qué irán a pensar?".

PRECIO MÁXIMO

Siguiendo a Cristo sin límites.

Recuerdo que, cuando era niño, mi padre me llevó a una subasta pública y me dijo: "Hijo, nunca te rasques la nariz en el momento equivocado. Recuérdalo siempre: dondequiera que vayas a una subasta pública, está seguro de que conoces el precio máximo de lo que quieres comprar".

Este pensamiento se me grabó para siempre. El mayor peligro para nosotros es vivir la vida cristiana conociendo claramente nuestro precio máximo. Jesús no nos permitió fijar ese precio. "Porque el que quiera salvar su vida, la perderá; pero el que pierda su vida por causa de mí y del evangelio, la salvará" (Marcos 8:35).

Dios nos ha llamado a una vida de obediencia incondicional, en la cual el precio es desconocido [2].

Haga de la obediencia un hábito

1. Decida obedecer.

La obediencia es siempre una decisión. Usted no tiene que sentir que tiene que obedecer. No hay excusas para no hacer lo que es correcto. La opción de obedecer está siempre sobre la mesa. Si esperamos hasta que sintamos que tenemos que obedecer a Dios, la obediencia muy probablemente nunca se hará práctica. Como dice el anuncio de Nike, "¡sólo hazlo!".

2. Acepte que haber obedecido a Dios produce el mejor sentimiento que usted jamás haya experimentado.

Los sentimientos son mucho más valiosos que el placer pasajero de decir "sí" a la tentación. No podemos vivir guiados por nuestros sentimientos, pero estos son importantes. Y no hay sentimiento mayor que aquel que se experimenta cuando usted ha obedecido a

> *La única parte de la Biblia que usted realmente cree es aquella que obedece.*
> —Anónimo

Dios y ha dicho "no" a los intentos de Satanás por desviarlo de la voluntad de Dios.

3. Comprenda que su felicidad en la vida depende de decirle "sí" a Dios.

Cuando hacemos lo que Dios ha dicho, el resultado inmediato es gozo interior. Un cristiano que se ha desviado fuera de la voluntad de Dios no es un cristiano feliz. Si usted no es feliz, lo primero que debe hacer es preguntarse: "¿He desobedecido a Dios?".

4. Haga una lista de temas sobre los cuales las Escrituras muestran claramente cuál es la voluntad de Dios para su vida.

Conocer las enseñanzas claramente reveladas en la Biblia, permite tener una mayor claridad sobre otros asuntos específicos que no están tratados en las Escrituras. Usted no puede esperar la dirección de Dios si antes no ha obedecido a los mandatos que aparecen de modo claro y específico en la Biblia.

5. Reconozca que cuando usted obedece a Dios su poder es liberado.

El poder de Dios para nuestra vida está ligado a nuestra obediencia. El grado de obediencia llega a ser el objetivo del poder de Dios.

6. Para los asuntos no claramente expresados en las Escrituras, busque un principio bíblico y pida al Espíritu Santo que le provea paz o falta de paz acerca de una decisión en particular.

El Espíritu Santo le proveerá paz o pondrá un sentimiento de inquietud en su espíritu, una emoción que dice: "Detente, algo no está bien". Los principios expresados en las Sagradas Escrituras siempre nos ayudarán a decidir qué hacer.

7. Recuerde que cuando decidió ser cristiano, usted renunció al derecho de hacer las cosas a su manera.

Con frecuencia escuchamos a la gente decir: "Es mi vida; yo puedo hacer con ella lo que quiero". Un cristiano no puede decir lo mismo. Nuestro cuerpo, mente, emociones y voluntad pertenecen al Señor. Nosotros no somos los dueños de nuestras almas ni los señores de nuestro destino. Sólo Dios tiene el control de nuestra vida.

8. Confiese la desobediencia inmediatamente y diga "sí" a la voluntad de Dios.

> *En nuestro mundo, no es tan difícil encontrar a una persona interesada en el evangelio, pero es terriblemente difícil sostener su interés. Millones de personas deciden seguir a Cristo; muchos afirman haber nacido de nuevo, pero las evidencias de la madurez de su obediencia cristiana son mínimas.*
>
> *En nuestra cultura, nada, incluyendo las buenas nuevas acerca de Dios, puede venderse si no está recién envasado; pero cuando se pierde la novedad, las cosas van a parar a la basura. Nuestro mundo ofrece un enorme mercado para la experiencia religiosa, pero hay poco entusiasmo para la adquisición de paciencia y virtudes; poca inclinación a prepararse en el largo aprendizaje que los primeros cristianos denominaron santidad*[3].
>
> *—Eugene Peterson*

Cuando usted sabe que ha desobedecido a Dios, deje de hacer lo que está haciendo y haga lo correcto. Pida a Dios perdón por no obedecerlo. Agradezca a Dios que él siempre ofrece una segunda oportunidad. Comience inmediatamente haciendo lo que él le ha dicho que haga.

9. *Tome en cuenta que la obediencia trae el favor de Dios sobre su vida.*

El favor de Dios es la afirmación y la aprobación de Dios a su obediencia. Ese favor divino crea una atmósfera en la cual convergen las instrucciones divinas y la protección de Dios para su vida.

10. *Viva en un ambiente en el cual se anima y estimula la obediencia a Dios, entre ellos, la iglesia, el estudio de la Biblia, un grupo al cual usted tenga que dar cuentas, un tiempo diario con Dios, la adoración y la lectura de libros cristianos.*

Su medio ambiente hará toda la diferencia en sus deseos de obedecer a Dios. Cuando usted se rodea con elementos que alientan a obedecer a Dios, hacer lo correcto llega a ser lo más atractivo y deseable.

EL HÁBITO DE
HONRAR AL GOBIERNO

PASAJE GUÍA

Entonces les dijo:
Pues dad al César lo que es del César y a Dios lo que es de Dios.
Lucas 20:25

El hábito de Jesús de honrar al gobierno implica el tomar la decisión de ver al gobierno como una institución ordenada por Dios que debe ser sostenida voluntariamente por medio de la obediencia a la ley.

> *Es el deber de todas las naciones reconocer la providencia del Dios soberano, obedecer su voluntad, estar agradecidos por sus beneficios e implorar humildemente su protección y favor.*
> **—George Washington**

Jesús nos mostró cómo honrar al gobierno

Jesús no fue de aquellos que estaban en contra del gobierno. Él comprendía que el gobierno es una institución que debe ser mantenida, honrada y que sus leyes deben ser obedecidas. Esto no significa que no podamos criticar al gobierno si hace algo en contra de la voluntad de Dios. Al trabajar dentro de los límites dados por el gobierno, Jesús tuvo la libertad de comunicar su mensaje.

Jesús pagó los impuestos

Jesús nunca buscó cómo evitar el pago de los impuestos.

Cuando ellos llegaron a Capernaúm, fueron a Pedro los que cobraban el impuesto del templo y dijeron:

—¿Vuestro maestro no paga el impuesto del templo?

Él dijo:

—Sí.

Al entrar en casa, Jesús le habló primero diciendo:

—¿Qué te parece, Simón? Los reyes de la tierra, ¿de quiénes cobran los tributos o los impuestos? ¿De sus hijos o de otros?

Pedro le dijo:

—De otros.

Jesús le dijo:

—Luego, los hijos están libres de obligación. Pero, para que no los ofendamos, ve al mar, echa el anzuelo, y el primer pez que suba, tómalo. Cuando abras su boca, hallarás un estatero. Tómalo y dalo por mí y por ti (Mateo 17:24-27).

TODAVÍA "BAJO DIOS"*

El domingo 30 de junio de 2002, la CNN dio a conocer una encuesta hecha durante el fin de semana, que reveló que casi nueve de cada 10 estadounidenses creen que la frase "bajo Dios" debe permanecer en el voto de lealtad a la bandera. Según un sondeo de la revista *Newsweek*, la mayoría también cree que es aceptable que el gobierno promueva la expresión religiosa, sin que se mencione una religión en particular.

Cuando se preguntó si la frase "bajo Dios" en el voto de lealtad debía permanecer o no, un 87% de los encuestados por *Newsweek* dijo que sí, y sólo un 9% dijo que no. Cuando se preguntó si el gobierno debe evitar la promoción religiosa, el 36% dijo que sí, pero un 54% dijo que no. El 60% de los consultados dijo que es bueno para el país cuando los líderes de gobierno expresan públicamente su fe en Dios.

Sólo un 12% de los encuestados piensa que el gobierno debe eliminar toda referencia a Dios y a las creencias religiosas en las escuelas, edificios gubernamentales y otros lugares públicos; mientras que el 84% dijo que tales referencias son aceptables entre tanto no mencionen una religión en particular.

La encuesta reveló que el 45% de los estadounidenses mantiene el punto de vista de que los Estados Unidos de América constituyen una nación secular en la cual las creencias religiosas o la falta de ellas no es una de las características que la definen. El 29% cree que los Estados Unidos de América constituyen una nación cristiana, y otro 16% cree que se trata de la nación de la Biblia, definida por la tradición judeocristiana"[1].

*Nota del editor: En los Estados Unidos de América hay una fuerte controversia sobre si se debe o no tener la expresión "bajo Dios" en el voto de lealtad a la bandera de esa nación. Ver p. 125.

Jesús creyó en influenciar al gobierno por medio de un impacto en la vida de sus líderes

Jesús influenció a Mateo, un cobrador de impuestos.

Pasando de allí más adelante, Jesús vio a un hombre llamado Mateo, sentado en el lugar de los tributos públicos, y le dijo: '¡Sígueme!' Y él se levantó y le siguió (Mateo 9:9).

Jesús también influyó en Zaqueo, otro cobrador de impuestos.

Y he aquí, un hombre llamado Zaqueo, que era un principal de los publicanos y era rico (Lucas 19:2).

Jesús obedeció las leyes

¿Nos es lícito dar tributo al César, o no?

Pero él, entendiendo la astucia de ellos, les dijo:

—Mostradme un denario. ¿De quién es la imagen y la inscripción que tiene?

Y ellos dijeron:

—Del César.

Entonces les dijo:

—Pues dad al César lo que es del César y a Dios lo que es de Dios (Lucas 20:22-25).

Entonces, levantándose toda la multitud de ellos, le llevaron a Pilato. Y comenzaron a acusarle diciendo:

—Hemos hallado a éste que agita a nuestra nación, prohíbe dar tributo al César y dice que él es el Cristo, un rey.

Entonces Pilato le preguntó diciendo:

—¿Eres tú el rey de los judíos?

Respondiendo le dijo:

—Tú lo dices.

Pilato dijo a los principales sacerdotes y a la multitud:

—No hallo ningún delito en este hombre (Lucas 23:1-4).

Hasta Pilato comprobó la inocencia de Jesús cuando el jefe de los sacerdotes le mintió acerca de él.

¿Cuáles son los enemigos del hábito de honrar al gobierno?

1. Desconfianza: "No confío en el gobierno".
2. Desacuerdo: "No estoy de acuerdo con el gobierno".
3. Culpa: "Estoy en este lío por causa del gobierno".
4. Ignorancia: "El gobierno está después de mis intereses".

Fórmese el hábito de honrar al gobierno

1. Dé gracias a Dios por el gobierno.

Las leyes nos permiten vivir en una sociedad civilizada. En lugar de quejarse del gobierno, comience a dar gracias a Dios por su país. Agradézcale por las leyes que ayudan a crear orden dentro de la sociedad y ofrecen protección al ciudadano.

2. Ore específicamente por los líderes del gobierno en el ámbito nacional y local.

> ¿Sabe usted que desde 1811 (cuando alguien que había defraudado al gobierno anónimamente envió 5 dólares a Washington, la capital de los Estados Unidos de América) la tesorería de los Estados Unidos de América ha tenido que administrar un "Fondo de Conciencia"? Desde entonces, casi 3,5 millones de dólares han llegado a este fondo, enviados por ciudadanos que se han sentido culpables[2].

Es nuestro deber orar por quienes han sido nombrados como oficiales del gobierno. Cada día, estas personas deben tomar decisiones que afectan nuestra vida. La intercesión a su favor es vital si esperamos que tomen las decisiones correctas.

3. Pague sus impuestos.

Eso no significa que usted está de acuerdo sobre la forma en que el gobierno utiliza su dinero. Pagar los impuestos es nuestra responsabilidad como ciudadanos, y especialmente como cristianos. Los impuestos nos permiten recibir muchos de los beneficios de la administración pública.

4. Vote por sus convicciones.

Walt Whitman dijo: "Los peores gobernantes son elegidos por los buenos ciudadanos que no votan". Las convicciones cristianas, no las lealtades a un partido, deben ser el filtro a través del cual emitimos nuestro voto.

5. Participe en el gobierno.

Permita que lo propongan como candidato para ser un oficial del gobierno o apoye a personas buenas y sabias para que lo hagan. Pregúntele a Dios de qué manera él quiere que usted participe. No desestime la posibilidad de que Dios desee que usted participe en algún cargo o colabore para que sea elegido en un cargo en particular.

6. Escriba a los líderes del gobierno no sólo cuando no está de acuerdo, sino también para agradecer lo que hacen correctamente.

Hay mucho poder en una carta. Cuando no esté de acuerdo con una decisión oficial, escriba al responsable con tacto y amabilidad, expresando su verdadera opinión. Escriba también cuando un go-

---

WEBSTER HIZO ALGO MÁS QUE ESCRIBIR UN DICCIONARIO

Uno de los colonos más conocidos de los Estados Unidos de América comenzó su carrera como maestro utilizando la Biblia como libro de texto preferido. Noé Webster nació en Connecticut y llegó a la mayoría de edad durante la Revolución estadounidense. Se educó en la Universidad de Yale y, por falta de dinero para continuar sus estudios avanzados, se empleó como maestro. Sus primeras impresiones del sistema escolar de la colonia fueron decepcionantes; las aulas estaban saturadas de alumnos, desorganizadas y pobremente equipadas. Pero Webster continuó enseñando porque creía que los niños de su país debían aprender a honrar la palabra escrita de Dios y a aprender sus leyes morales tal como están dadas en las Escrituras. También creía que los estadounidenses debían tener libros escritos por sus compatriotas para aprender gramática y pronunciación. Su conocido libro titulado *El libro azul de deletreo* (porque la cubierta venía en ese color) llegó a ser el libro más ampliamente utilizado en la enseñanza escolar durante más de 100 años. Tiempo después desarrolló el primer diccionario de inglés para los Estados Unidos de América, porque creía firmemente que todos los estadounidenses debían hablar correctamente el inglés estadounidense y no el inglés británico. Por este motivo, Noé Webster es ampliamente reconocido como un pionero del idioma. El Equipo Presidencial de Oración lo reconoció por su pasión por enseñar buenos valores a los niños en edad escolar. Webster dijo: "Desde mi punto de vista, la religión cristiana es la más importante, y constituye una de las primeras enseñanzas en las que todos los niños que viven en un país libre debieran ser instruidos... Según mi manera de pensar, no hay nada más evidente que la religión cristiana debe ser la base de cualquier gobierno que intente asegurar los derechos y privilegios de un pueblo libre"[3].

bernante toma una decisión correcta para afirmarlo en la dirección que ha tomado.

7. Envíe a cada uno de los congresistas una Biblia con el nombre del destinatario impreso.

Se sorprenderá de los resultados. Guíe a su iglesia o a un grupo de cristianos para que lo hagan. Será un regalo impresionante y duradero. No hay un mejor regalo que una Biblia.

8. Trabaje para cambiar lo que el gobierno está haciendo mal en lugar de quejarse sin hacer nada.

Sea positivamente activo. Pregúntese: "¿Cómo puedo ayudar?

RED SKELTON, EL PROFETA

Cuando Red Skelton, un comediante muy conocido en los Estados Unidos de América, estaba en la escuela, uno de sus maestros explicó el significado del voto de lealtad a la bandera a toda la clase. Años más tarde, Skelton escribió y grabó las palabras de su maestro para que su discurso fuera recordado. Luego de cada frase, incluyó su propia aplicación personal:

"Yo: Yo mismo; un individuo; una comisión de un solo miembro.

"Prometo: Dedicar todos mis bienes materiales para dar sin autocompasión.

"Lealtad: Mi amor y mi devoción.

"A la bandera: Nuestro estandarte; la gloria de nuestros mayores; un símbolo de libertad; donde quiera que ondee será respetada porque su dignidad proclama: 'La libertad es tarea de todos'.

"De los Estados: Comunidades independientes que se han unido en 48 grandes estados. Son 48 comunidades con orgullo, dignidad y propósito; todas divididas por fronteras imaginarias y, sin embargo, unidas por el propósito común de amar a nuestro país.

"Unidos: Todos tenemos que mantenernos juntos.

"Y a la República que representa: Un estado en el cual el poder soberano es depositado en manos de los representantes elegidos por el pueblo al que gobiernan. El gobierno es el pueblo; y el pueblo es quien lo da a sus líderes, no los líderes al pueblo.

"Una nación: Bendecida por Dios.

"Indivisible: Imposible que alguien pueda dividirla.

"Con libertad: libre; el derecho de que cada persona viva su propia vida sin amenazas, temores, o alguna clase de represalias.

"Y justicia: El principio de relacionarse justamente con otras personas.

"Para todos: Este país es tanto suyo como mío".

Red Skelton concluyó diciendo: "Durante mi vida, otros dos estados se han agregado a nuestro país; y dos palabras también se han agregado a nuestro voto a la bandera: 'Bajo Dios'. ¿No sería una lástima que alguien diga que se trata de una oración y que esta declaración debe ser eliminada de las escuelas?"[4].

¿Qué puedo hacer para generar algo mejor?". Quejarse es algo negativo que, por sí mismo, no sirve para mejorar las cosas. Encuentre maneras específicas en las cuales usted puede participar para hacer una diferencia.

9. Conozca los asuntos que tienen que resolver quienes toman las decisiones.

Lea acerca de esos temas. Comprenda las implicaciones de las decisiones que están enfrentando quienes han sido elegidos como gobernantes. Conocer es poder. En nuestra sociedad, alegar ignorancia no es excusa.

EL HÁBITO DE
HACER PREGUNTAS

PASAJE GUÍA

*Aconteció que después de tres días, le encontraron en el templo,
sentado en medio de los maestros,
escuchándoles y haciéndoles preguntas.*

Lucas 2:46

El hábito de Jesús de hacer preguntas implica el tomar la decisión de indagar sobre ciertas cuestiones, que normalmente admiten una respuesta abierta, con el fin de obtener información y comprensión.

> *No tenga miedo de hacer preguntas tontas, son mucho más fáciles de arreglar que los errores tontos.*
> **—Thomas Fuller**

Jesús nos mostró cómo hacer preguntas

Jesús hacía preguntas constantemente. Uno de los primeros cuadros que tenemos de su infancia nos lo muestra sentado en el templo haciendo preguntas. Jesús hacía preguntas de distintas maneras por muchas razones. Los siguientes relatos nos muestran cómo usó sus preguntas.

Jesús hizo preguntas para guiar a las personas a examinar su propia vida, mirar dentro de ellas y descubrir su necesidad de Dios

Saliendo ellos de Jericó, le siguió una gran multitud. Y he aquí dos ciegos estaban sentados junto al camino, y cuando oyeron que Jesús pasaba, clamaron diciendo:

—¡Señor, Hijo de David, ten misericordia de nosotros!

La gente les reprendía para que se callasen, pero ellos gritaron aún más fuerte diciendo:

—¡Señor, Hijo de David, ten misericordia de nosotros!

Jesús se detuvo, los llamó y les dijo:

—¿Qué queréis que os haga?

Le dijeron:

—Señor, que sean abiertos nuestros ojos.

Entonces Jesús, conmovido dentro de sí, les tocó los ojos; y de inmediato recobraron la vista y le siguieron (Mateo 20:29-34).

Jesús le preguntó al ciego de Jericó: "¿Qué quieres que te haga?". Esta pregunta le permitió al ciego reflexionar acerca de su estado físico y de su estado espiritual, y así determinar su verdadera necesidad.

Jesús, frecuentemente, respondía una pregunta con otra pregunta

Él llegó al templo, y mientras estaba enseñando, se acercaron a él los principales sacerdotes y los ancianos del pueblo, y le decían:

—¿Con qué autoridad haces estas cosas? ¿Quién te dio esta autoridad?

Entonces respondió Jesús y les dijo:

—Yo también os haré una pregunta; y si me respondéis, yo también os diré con qué autoridad hago estas cosas. ¿De dónde era el bautismo de Juan? ¿Del cielo o de los hombres?

Entonces ellos razonaban entre sí, diciendo:

—Si decimos "del cielo", nos dirá: "¿Por qué, pues, no le creísteis?" Y si decimos "de los hombres...", tememos al pueblo, porque todos tienen a Juan por profeta.

Respondieron a Jesús y dijeron:

—No sabemos.

Y él les dijo:

—Tampoco yo os digo con qué autoridad hago estas cosas (Mateo 21:23-27).

Jesús respondió con una pregunta al sumo sacerdote, quien

cuestionaba su autoridad. Algunas veces, la mejor respuesta a preguntas con doble sentido es otra pregunta.

Jesús utilizó preguntas para desarmar a sus críticos

Y acerca de la resurrección de los muertos, ¿no habéis leído lo que os fue dicho por Dios? *Yo soy el Dios de Abraham, el Dios de Isaac y el Dios de Jacob.* Dios no es Dios de muertos, sino de vivos (Mateo 22:31, 32).

Muchas veces, Jesús silenció a sus críticos con una pregunta. Una pregunta hecha en respuesta a la crítica de una persona puede terminar con la conversación.

Jesús preguntó a la gente sobre las Escrituras

Entonces comenzó a hablarles en parábolas:

—Un hombre plantó una viña. La rodeó con una cerca, cavó un lagar, edificó una torre, la arrendó a unos labradores y se fue lejos. A su debido tiempo envió un siervo a los labradores, para recibir de los labradores una parte del fruto de la viña. Pero ellos lo tomaron, lo hirieron y le enviaron con las manos vacías. Volvió a enviarles otro siervo, pero a ése le hirieron en la cabeza y le afrentaron. Y envió otro, y a éste lo mataron. Envió a muchos otros, pero ellos herían a unos y mataban a otros.

Teniendo todavía un hijo suyo amado, por último, también lo envió a ellos diciendo: "Tendrán respeto a mi hijo". Pero aquellos labradores dijeron entre sí: "Este es el heredero. Venid, matémosle, y la heredad será nuestra". Y le prendieron, lo mataron y le echaron fuera de la viña. ¿Qué, pues, hará el señor de la viña? Vendrá, destruirá a los labradores y dará la viña a otros. ¿No habéis leído esta Escritura:

La piedra que desecharon los edificadores,
esta fue hecha cabeza del ángulo;
de parte del Señor sucedió esto,
y es maravilloso en nuestros ojos? (Marcos 12:1-11).

Usted puede aprender mucho acerca de la Biblia bombardeando un pasaje con preguntas.

Jesús les hizo una pregunta a los demonios

Jesús le preguntó, diciendo:

—¿Cómo te llamas?

Y él dijo:

—Legión.

Porque muchos demonios habían entrado en él (Lucas 8:30).

Jesús usó preguntas para averiguar si algo provenía de su Padre celestial o del padre de la mentira.

Jesús hizo una pregunta antes de morir en la cruz

Y en la hora novena Jesús exclamó a gran voz, diciendo:

—¡Eloi, Eloi! ¿Lama sabactani? —que traducido quiere decir: *Dios mío, Dios mío, ¿por qué me has desamparado?*— (Marcos 15:34).

Jesús le preguntó a Dios: "¿Por qué?". No es un pecado preguntarle a Dios acerca del porqué de cualquier cuestión, mientras no pongamos en duda su bondad y soberanía.

¿Cuáles son los enemigos del hábito de hacer preguntas?

1. Orgullo: "Yo ya sé todo lo que necesito saber".
2. Temor: "Si pregunto, voy a quedar como un tonto".

PREGUNTAR NO ES PECADO

Jesús exclamó en la cruz: "¿Señor por qué me has desamparado?". Este era un grito humano; un grito de desesperación que salió de la agonía de su corazón como resultado de haber quedado en manos de hombres malignos y de haber sido hecho pecado por usted y por mí. Jamás sufriremos de la misma manera que Jesús, sin embargo, hay ocasiones en las que nos sentimos olvidados y gritamos "¿Por qué, Señor?". El Salmista preguntó por qué; Job, un hombre inocente sufriendo tormentos horribles en un saco de ceniza, preguntó por qué. No me parece un pecado hacerle esa pregunta a Dios. Lo que es pecado es el resentimiento contra Dios y contra su manera de tratar con nosotros[1].

3. Falta de interés: "No me interesa lo suficiente como para preguntar".

Fórmese el hábito de hacer preguntas

1. Haga preguntas para aprender acerca de asuntos específicos con el fin de poder crecer personalmente.

Las preguntas que no se pueden responder con un "sí" o con un "no", generalmente, son las que encuentran las mejores respuestas. Esto se debe a que la persona que responde comparte más información. La pregunta correcta, hecha de la manera correcta, puede aportar mucha luz sobre cualquier asunto.

2. Use preguntas para expresar su interés en alguien.

Una pregunta oportuna puede mostrar a otra persona su genuino interés por ella.

3. Cuando estudie la Biblia, haga preguntas para comprender el significado actual del pasaje que lee y la aplicación práctica que debe darle a su vida.

Bombardee el pasaje de las Escrituras con preguntas. Una pregunta que traza una diferencia es la que busca conocer el contexto del pasaje. ¿Qué dice el texto inmediatamente antes e inmediatamente después del pasaje? La pregunta más importante es aquella dirigida a comprender cómo se puede aplicar a la vida diaria un pasaje de la Escritura.

> *Tengo a seis hombres honestos que me sirven (ellos me enseñaron todo lo que sé).*
> *Sus nombres son: qué, por qué, cuándo, cómo, dónde y quién.*
> —**Rudyard Kipling**

4. Pida al Espíritu Santo que lo ayude a determinar si una posible respuesta proviene de Dios, de Satanás o es cosa suya.

Muchas veces es difícil determinar si algo proviene de Dios. Al pedir al Espíritu Santo que lo ayude, usted está concediéndole la libertad de guiarlo a la verdad. El Espíritu Santo es siempre fiel para ayudarnos a escuchar con claridad la verdadera voz de Dios.

5. Use preguntas para animar a alguien.

Sus preguntas pueden ser una fuente de estímulo para otra persona. Por ejemplo, cuando usted pregunta: "¿Cómo haces para hacer todo lo que haces?" o "¿Qué haces para mantenerte tan bonita?" o "¿Cuál es el secreto de tu éxito?", sin duda estará siendo de aliento para el otro.

6. Anime a las personas a expresarse haciéndoles preguntas.

Preguntas que se pueden responder con un "sí" o un "no" cortan la conversación y no promueven el diálogo. Si usted verdaderamente desea escuchar el corazón de alguien, hágale preguntas que le permitan compartir lo que está en su mente. Esta clase de preguntas invitan a compartir.

PREGUNTAS NECIAS

El sumario que sigue apareció en el periódico *Salt Lake Tribune*. Fueron tomadas de los archivos de la corte:

P: —¿Entonces, qué pasó?

R: —Él me dijo —respondió el interpelado—: "Tengo que matarte porque puedes identificarme".

P: —¿Y lo mató?

P: —El hijo menor, el de 20 años de edad, ¿cuántos años tiene?

P: —Ella tiene tres hijos, ¿correcto?

R: —Sí.

P: —¿Cuántos son varones?

R: —Ninguno.

P: —¿Tiene alguna hija mujer?

P: —¿Estaba usted solo o sin compañía?

P: —Le muestro la fotografía número 3. ¿Reconoce esta fotografía?

R: —Ese soy yo.

P: —¿Estaba usted presente cuando fue tomada esta fotografía?

P: —¿Usted dijo que las escaleras bajaban hacia el sótano?

R: —Así es.

P: —¿Y esas escaleras también subían?

P: —¿Tiene usted algún hijo o algo por el estilo?

P: —Señora Gómez, ¿cree usted que es emocionalmente estable?

R: —Antes lo era.

P: —¿Cuántas veces se ha suicidado?

P: —¿Así que usted estaba ausente hasta que regresó?

P: —¿Así que usted no sabía qué era ni cómo se veía, pero podría describirlo?

P: —¿Ha vivido en esta ciudad toda su vida?

R: —Todavía no.

Estas son preguntas que se han hecho a testigos de la Asociación de Abogados de Massachussets:

P: —Doctor, ¿es verdad que cuando una persona se muere mientras duerme no se da cuenta hasta que amanece?

P: —¿Usted estaba allí hasta que se fue? ¿Correcto?

P: —¿Puede describir usted a la persona?

R: —Era de mediana estatura y tenía barba.

P: —¿Era hombre o mujer?

P: —Doctor, ¿cuántas autopsias le ha hecho a personas muertas?

R: —Todas mis autopsias han sido hechas a personas muertas [2].

7. Exprese sus frustraciones por medio de preguntas.

Usted puede expresar sus frustraciones haciendo preguntas como estas: "¿Puedes ayudarme a comprender esto?".

> *Ningún hombre se vuelve tonto hasta que deja de hacer preguntas.*
> —Charles P. Stenmetz

"¿Por qué me siento tan frustrado acerca de esto?". "Estoy en medio de una crisis, ¿puedes darme alguna orientación?".

8. Busque el consejo de otras personas a través de hacerles preguntas.

Hay preguntas que invitan a otros a darnos un consejo. Sus preguntas otorgan permiso para que otros den su opinión acerca de cuestiones específicas. Sin embargo, esté seguro de que el consejo que le dan es consistente con las Sagradas Escrituras.

9. Use preguntas para aconsejar a otros.

Usted podría preguntar: "¿Estás haciendo lo correcto?". "¿Hay algo con lo que te pueda ayudar?". "¿Podría darte mi opinión acerca de ese asunto?". Aun la pregunta "¿Qué piensas acerca de esto?" puede ser una manera de guiar a alguien a encontrar el camino correcto.

10. Use preguntas para que otros conozcan que usted tiene una necesidad.

Debemos estar dispuestos a poner nuestro orgullo a un costado y sencillamente pedir ayuda. Santiago nos dice que muchas veces no recibimos ayuda porque no la pedimos. Hay un gran poder cuando solicitamos ayuda con el motivo correcto.

EL HÁBITO DE
ALEGRARSE

PASAJE GUÍA

Pasando de allí más adelante, Jesús vio a un hombre llamado Mateo,
sentado en el lugar de los tributos públicos, y le dijo:
"¡Sígueme!". Y él se levantó y le siguió.
Sucedió que, estando Jesús sentado a la mesa en casa,
he aquí muchos publicanos y pecadores que habían venido
estaban sentados a la mesa con Jesús y sus discípulos.
Mateo 9:9, 10

El hábito de Jesús de estar alegre nos lleva a tomar la decisión de gozar nuestro viaje hacia el cielo, dándonos permiso para no asumir la vida tan seriamente todo el tiempo y hacer de la risa una parte de nuestra rutina diaria.

> *Disfrute la clase de alegría que no lo hará sentirse avergonzado al día siguiente.*
> —**Anónimo**

Hay una pintura hecha por Ray Kovac que se titula *La risa de Jesús*. ¿La conoce? Si nunca la vio, debería hacerlo. En general, todos nosotros recordamos pinturas de Jesús que lo presentan solemne, serio y con gesto triste. Jamás aparece sonriendo. Esto siempre me ha molestado porque parece inconsistente con varias de las escenas de los Evangelios. Por eso, *La risa de Jesús* ha llegado a ser uno de mis cuadros favoritos. El artista describe a Jesús riéndose con entusiasmo. Sin duda, Jesús sabía estar alegre. Él se rió. No se dedicó a "soportar" la vida; él la disfrutó. Hay quienes piensan que esto puede arruinar la imagen de Jesús; otros creen que sugerir que el Hijo de Dios estuvo alegre se acerca a la blasfemia. Jesús también hizo que otros se rieran. Jesús no fue un aguafiestas. No se acercó a quienes estaban disfrutando juntos para decirles: "¡No hagan eso!".

Jesús nos mostró cómo estar alegres

Los cristianos deben estar alegres. Sin embargo, la alegría no es su meta permanente. La vida cristiana no siempre es alegre, pero la alegría debe ser una parte natural del proceso de vivir diariamente con Dios. Los cristianos debiéramos ser las personas que experimentan más gozo sobre la faz de la tierra. Nosotros tenemos todo para celebrar. Algunos cristianos con quienes me encuentro parecen tener una idea equivocada acerca de la alegría. Rara vez, si es que alguna vez, sonríen; ven con suspicacia a cualquiera que vive con alegría.

Coloque las palabras "Jesús" y "alegría" en un buscador de Internet y encontrará páginas dedicadas a los niños, con un Jesús que se parece más a un adorno o una muñeca. Nos cuesta pensar que esas dos palabras pueden ir juntas, pero realmente no son contradictorias. Escuche la descripción que hizo Bruce Marchiana en *The Footsteps of Jesus*:

Sí. Jesús sonrió; sí, Jesús se rió. Jesús sonrió ampliamente y se rió a carcajadas como cualquier ser humano que jamás haya caminado sobre el planeta. Él fue joven. Irradiaba buen ánimo. Jesús fue un hombre tan alegre, tan bondadoso de corazón, tan libre y abierto, que se hizo irresistible.

SEA COMO UN NIÑO

Dan Jansen ganó una medalla de oro en los Juegos Olímpicos de Invierno en 1994. Parte de esta hazaña se debió a la ayuda de un psicólogo deportivo llamado James Loehr. Además de un régimen constante y apropiado de entrenamiento, una buena alimentación y adecuado descanso, Jansen fue instruido para no preocuparse y para reírse más.

El doctor Loehr observó ciertos estudios que prueban que el humor relaja el cuerpo y alivia la tensión. Loehr dijo que se puede aprender mucho de los niños en esos estudios, pues allí se muestra que los niños se ríen como promedio unas 400 veces al día. Un adulto, en cambio, se ríe un promedio de 15 de veces por día[1].

Llegó a ser conocido a través de Galilea por su genuina fortaleza, por la chispa de sus ojos, por la elegancia de su modo de caminar, por la expresión profunda de su risa, por lo genuino del toque de su mano, por su pasión, por su habilidad para bromear, emocionarse y expresar ¡GOZO! vitalmente. Jesús hizo una deslumbrante demostración de gozo. Puso fuego en los corazones. Fue un hombre joven y eufórico, con una increíble calidad de vida... tan diferente de los solemnes grupos religiosos con los que constantemente confrontó[2].

Jesús gozó la vida genuinamente y lo demostró de diversas maneras

Jesús asistió a cenas de celebración

Llegó a la casa de Mateo.

Pasando de allí más adelante, Jesús vio a un hombre llamado Mateo, sentado en el lugar de los tributos públicos, y le dijo: "¡Sígueme!". Y él se levantó y le siguió.
Sucedió que, estando Jesús sentado a la mesa en casa, he aquí muchos publicanos y pecadores que habían venido estaban sentados a la mesa con Jesús y sus discípulos (Mateo 9:9, 10).

Cenó en la casa de Zaqueo.

Cuando Jesús llegó a aquel lugar, alzando la vista le vio y le dijo:
—Zaqueo, date prisa, desciende; porque hoy es necesario que me quede en tu casa.
Entonces él descendió aprisa y le recibió gozoso. Al ver esto, todos murmuraban diciendo que había entrado a alojarse en la casa de un hombre pecador (Lucas 19:5-7).

A Jesús le encantaba estar cerca de la gente.

Jesús asistió a una boda

Al tercer día se celebró una boda en Caná de Galilea, y estaba allí la madre de Jesús. Fue invitado también Jesús con sus discípulos a la boda. Y como faltó el vino, la madre de Jesús le dijo:

—No tienen vino.

Jesús le dijo:

—¿Qué tiene que ver eso conmigo y contigo, mujer? Todavía no ha llegado mi hora.

Su madre dijo a los que servían:

—Haced todo lo que él os diga.

Había allí seis tinajas de piedra para agua, de acuerdo con los ritos de los judíos para la purificación. En cada una de ellas cabían dos o tres medidas. Jesús les dijo:

—Llenad de agua las tinajas.

Y las llenaron hasta el borde. Luego les dijo:

—Sacad ahora y llevadlo al encargado del banquete.

Se lo llevaron; y cuando el encargado del banquete probó el agua ya hecha vino, y no sabía de dónde venía (aunque los sirvientes que habían sacado el agua sí lo sabían), llamó al novio y le dijo:

—Todo hombre sirve primero el buen vino; y cuando ya han tomado bastante, entonces saca el inferior. Pero tú has guardado el buen vino hasta ahora.

Este principio de señales hizo Jesús en Caná de Galilea, y manifestó su gloria; y sus discípulos creyeron en él (Juan 2:1-11).

Una boda judía era un evento alegre, de mucho gozo. Jesús se sentía cómodo en la fiesta. Había venido acompañado de su madre María. De hecho, fue en una situación tan alegre que Jesús hizo su primer milagro. Los cristianos debemos sentirnos en casa cuando participamos de eventos felices.

Jesús amó estar rodeado de niños

También le presentaban los niños pequeños para que los tocase. Y los discípulos, al ver esto, les reprendían. Pero Jesús los llamó diciendo: "Dejad a los niños venir a mí y no les impidáis, porque de los tales es el reino de Dios" (Lucas 18:15, 16).

Los niños son felices; ellos disfrutan al estar juntos. Saben cómo reír y disfrutar todo el tiempo.

Jesús, frecuentemente, usó el humor en sus enseñanzas

En algunas ocasiones, Jesús usó el humor para ilustrar un asunto. Estos son dos ejemplos:

> *¿Ha pensado alguna vez que si algo es alegre quizá no sea la voluntad de Dios? El Dios que hizo las jirafas, las uñas de los niños, la cola de los perritos, la forma de las calabazas, las risas de las niñas pequeñas, tiene un gran sentido del humor. No se confunda sobre eso.*
> —Catherine Marshall

¿Por qué miras la brizna de paja que está en el ojo de tu hermano, y dejas de ver la viga que está en tu propio ojo? ¿Cómo dirás a tu hermano: "Deja que yo saque la brizna de tu ojo", y he aquí la viga está en el tuyo? ¡Hipócrita! Saca primero la viga de tu propio ojo, y entonces podrás ver para sacar la brizna del ojo de tu hermano (Mateo 7:3-5).

¿Qué hombre hay entre vosotros que, al hijo que le pide pan, le dará una piedra? ¿O al que le pide pescado, le dará una serpiente? (Mateo 7:9, 10).

¿Cuáles son los enemigos del hábito de estar alegres?

1. Ocupaciones: "No tengo tiempo para fiestas".
2. Culpabilidad: "Me sentiré culpable si dejo lo que estoy haciendo para ir a la fiesta".
3. Prejuicios: "Los cristianos no deben estar alegres".
4. Ignorancia: "No sé cómo estar alegre".

Fórmese el hábito de estar alegre

1. Concédase el permiso de estar alegre.

La voluntad de Dios es que usted se sienta alegre. No se sienta culpable. No es contradictorio hablar de "un cristiano alegre". La falta de alegría en la vida cristiana ha sido utilizada frecuentemente como una objeción al cristianismo. Esa es la razón por la cual algunos sostienen que el cristianismo es aburrido.

2. *Tome en cuenta que la verdadera felicidad ocurre dentro de los límites de la voluntad de Dios.*

Dentro de la voluntad de Dios está la libertad de gozar la vida. La gente más feliz de la tierra son los cristianos que caminan en la voluntad de Dios.

> *La risa puede aliviar la tensión, calmar el dolor de la frustración y fortalecer el espíritu para las grandes tareas que siempre están por delante.*
> *—Dwight D. Eisenhower*

3. *Aprenda a reírse de sí mismo.*

Desarrolle el sentido del humor. ¡Alégrese! La vida sin risa puede llegar a ser aburrida y monótona. No se tome a sí mismo tan en serio todo el tiempo. Hágase un favor y aprenda a ver el lado jocoso de la vida.

4. *Mantenga una conciencia limpia.*

Una conciencia limpia le da libertad para gozar de la vida. Una mente limpia provee la base para una vida alegre. Cuando la conciencia está limpia, el gozo reemplaza la culpa.

5. *Anímese a mirar una comedia buena y apropiada.*

Vea comedias antiguas tales como "Yo amo a Lucy". Lea historias cómicas o libros con chistes sanos. Lea las caricaturas de los diarios y revistas.

6. *Haga amistad con personas que disfrutan de una alegría limpia y sana.*

Usted necesita a aquellos que pueden hacerlo reír. Usted se hace un gran favor cuando invierte tiempo con esa clase de personas. Ellos le levantan el ánimo, en lugar de hundírselo.

UNA DOSIS DIARIA DE RISA

Si la risa pudiera ser comprada en la farmacia de la esquina, los médicos nos prescribirían risas varias veces al día. La risa es una combinación de estímulos que incluye el poder de las vitaminas más la relajación de un sedante. La risa es un ejercicio para el diafragma. Si usted pudiera hacerse una placa de Rayos X cuando se está riendo, podría ver asombrosos resultados. Su diafragma se baja y sus pulmones se expanden. Usted aspira más oxígeno que lo normal. Una fuente de poder corre desde su cabeza hasta los dedos de sus pies[3].

7. *Encuentre algo fuera de su trabajo que le permita disfrutar.*

Es de vital importancia que usted desarrolle momentos de alegría en su vida. Usted necesita algo que lo desconecte de su trabajo, si no va a desgastarse rápidamente. Las maneras de descansar del trabajo son diferentes para cada persona. Necesitará experimentar distintas opciones para encontrar lo que sea mejor para usted.

8. *Use el humor para diluir situaciones tensas.*

El humor puede ser una herramienta efectiva para enfriar una acalorada conversación. Puede devolver la calma a una conversación tensa. Puede reorganizar nuestros pensamientos y proporcionarnos una atmósfera de paz.

9. *Use el humor para clarificar un asunto.*

Muy frecuentemente, insertar algo de humor en una conversación puede traer luz sobre un asunto. Cando un tema dificultoso se aborda con sentido de humor, generalmente se vuelve más sencillo.

10. *Demuestre al mundo que ser cristiano es sinónimo de alegría; de hecho, la mayor alegría de la vida proviene de conocer a Dios y caminar en su voluntad.*

A menudo, el mundo caracteriza a los cristianos como personas que no tienen gozo. Haga su mayor pasión el destruir esa caricatura y demuéstrele al mundo que ser cristiano es la aventura más feliz y gozosa que el espíritu humano pueda conocer.

> *La raza humana tiene un arma verdaderamente efectiva, y esa es la risa.*
> **—Mark Twain**

EL HÁBITO DE
DECIR LA VERDAD

PASAJE GUÍA

Y conoceréis la verdad, y la verdad os hará libres.

Juan 8:32

El hábito de Jesús de decir siempre la verdad significa tomar la firme decisión de decir lo que es correcto, hacer lo correcto y vivir dentro de la voluntad de Dios.

> **La verdad no siempre es popular, pero siempre es correcta.**
> **—Anónimo**

Jesús nos mostró la verdad

Jesús dijo siempre la verdad, sin excepciones. Él mismo encarnó la verdad.

Y el Verbo se hizo carne y habitó entre nosotros, y contemplamos su gloria, como la gloria del unigénito del Padre, lleno de gracia y de verdad (Juan 1:14).

Jesús le dijo:

—Yo soy el camino, la verdad y la vida; nadie viene al Padre, sino por mí (Juan 14:6).

Jesús no sólo dijo la verdad, sino que la compartió envuelta en amor y gracia. Muchas veces tuvo que ser muy firme con sus parámetros acerca de la verdad.

Se acercaron los fariseos y los saduceos, y para probarle le pidieron que les mostrase una señal del cielo. Pero él les respondió diciendo: "Al atardecer decís: 'Hará buen tiem-

141

po, porque el cielo está enrojecido'; y al amanecer decís: 'Hoy habrá tempestad, porque el cielo está enrojecido y sombrío'. Sabéis discernir el aspecto del cielo, pero no podéis discernir las señales de los tiempos. Una generación malvada y adúltera pide señal, pero no le será dada ninguna señal, sino la señal de Jonás.

Y dejándolos se fue.

Cuando los discípulos cruzaron a la otra orilla, se olvidaron de tomar consigo pan. Entonces Jesús les dijo:

—Mirad, guardaos de la levadura de los fariseos y de los saduceos.

Ellos discutían entre sí, diciendo:

—Es porque no trajimos pan.

Pero como Jesús lo entendió, les dijo:

—¿Por qué discutís entre vosotros que no tenéis pan, hombres de poca fe? ¿Todavía no entendéis, ni os acordáis de los cinco panes para los cinco mil hombres, y cuántas canastas recogisteis? ¿Ni tampoco de los siete panes para los cuatro mil y cuántas cestas recogisteis? ¿Cómo es que no entendéis que no os hablé del pan? ¡Pero guardaos de la levadura de los fariseos y de los saduceos!

Entonces entendieron que no les habló de guardarse de la levadura del pan, sino más bien de la doctrina de los fariseos y de los saduceos.

Cuando llegó Jesús a las regiones de Cesarea de Filipo, preguntó a sus discípulos diciendo:

—¿Quién dicen los hombres que es el Hijo del Hombre?

Ellos dijeron:

—Unos, Juan el Bautista; otros, Elías; y otros, Jeremías o uno de los profetas.

Les dijo:

—Pero vosotros, ¿quién decís que soy yo?

Respondió Simón Pedro y dijo:

—¡Tú eres el Cristo, el Hijo del Dios viviente!

Entonces Jesús respondió y le dijo:

—Bienaventurado eres, Simón hijo de Jonás, porque no te lo reveló carne ni sangre, sino mi Padre que está en los cielos. Mas yo también te digo que tú eres Pedro; y sobre esta roca edificaré mi iglesia, y las puertas del Hades no prevalecerán contra ella. A ti te daré las llaves del reino de los cielos. Todo lo que ates en la tierra habrá sido atado en el cielo, y lo que desates en la tierra habrá sido desatado en los cielos.

Entonces mandó a los discípulos que no dijesen a nadie que él era el Cristo.

Desde entonces, Jesús comenzó a explicar a sus discípulos que le era preciso ir a Jerusalén y padecer mucho de parte de los ancianos, de los principales sacerdotes y de los escribas, y ser muerto, y resucitar al tercer día. Pedro le tomó aparte y comenzó a reprenderle diciendo:

—Señor, ten compasión de ti mismo. ¡Jamás te suceda esto!

Entonces él volviéndose, dijo a Pedro:

—¡Quítate de delante de mí, Satanás! Me eres tropiezo, porque no piensas en las cosas de Dios, sino en las de los hombres (Mateo 16:1-23).

Respondió Jesús:

—No tendrías ninguna autoridad contra mí, si no te fuera dada de arriba. Por esto, el que me entregó a ti tiene mayor pecado (Juan 19:11).

Jesús nos mostró que la verdad es el límite para la libertad

Y conoceréis la verdad, y la verdad os hará libres (Juan 8:32).

Jesús fue un modelo de vida perfecta. Nunca se apartó de la verdad. Enseñó y demostró que la libertad siempre se encuentra dentro de los límites de la verdad. Quienes aceptan su verdad encuentran una maravillosa libertad.

Jesús nos mostró que Satanás es la fuente de las mentiras

Vosotros sois de vuestro padre el diablo, y queréis satisfacer los deseos de vuestro padre. Él era homicida desde el principio y no se basaba en la verdad, porque no hay verdad en él. Cuando habla mentira, de lo suyo propio habla, porque es mentiroso y padre de mentira (Juan 8:44).

Jesús advirtió que todas las mentiras surgen de una fuente común: Satanás. Jesús lo sabía de primera mano. Él había sido el blanco de las mentiras de Satanás, aunque ya había tenido que tratar con la primera mentira de Satanás, aquella que fue dirigida a Adán y Eva, y el eterno daño que causó esta mentira. Nunca seremos tan parecidos a Cristo como cuando hablamos y vivimos la verdad; pero nunca seremos tan parecidos a Satanás como cuando mentimos.

> *Para nuestra sociedad, la verdad es una medicina demasiado fuerte que debe ser diluida para poder digerirse. En su forma más pura, la verdad no es una palmadita en el hombro; es un fuerte reproche. Lo que Moisés trajo en sus manos cuando bajó del monte Sinaí no fueron algunas tímidas sugerencias sino Diez Mandamientos.*
> *—Ted Koppel*

Jesús nos mostró la importancia de compartir la verdad en el momento correcto

Jesús esperó hasta que el ambiente fuera apropiado para compartir ciertas verdades. En el monte de la transfiguración, Jesús reveló quién era él a Pedro, a Jacobo y a Juan.

Seis días después, Jesús tomó consigo a Pedro, a Jacobo y a Juan su hermano, y les hizo subir aparte a un monte alto. Y fue transfigurado delante de ellos. Su cara resplandeció como el sol, y sus vestiduras se hicieron blancas como la luz. Y he aquí les aparecieron Moisés y Elías, hablando con él. Entonces intervino Pedro y dijo a Jesús:

—Señor, bueno es que nosotros estemos aquí. Si quieres, yo levantaré aquí tres enramadas: una para ti, otra para Moisés y otra para Elías.

Mientras él aún hablaba, de pronto una nube brillante les hizo sombra, y he aquí salió una voz de la nube diciendo: "Este es mi Hijo amado, en quien tengo complacencia. A él oíd".

Al oír esto, los discípulos se postraron sobre sus rostros y temieron en gran manera. Entonces Jesús se acercó, los tocó y dijo:

—Levantaos y no temáis.

Y cuando ellos alzaron los ojos, no vieron a nadie sino a Jesús mismo, solo.

Mientras ellos descendían del monte, Jesús les mandó, diciendo:

—No mencionéis la visión a nadie, hasta que el Hijo del Hombre resucite de entre los muertos.

Entonces los discípulos le preguntaron diciendo:

—¿Por qué dicen los escribas que es necesario que Elías venga primero?

Y respondiendo dijo:

—A la verdad, Elías viene y restaurará todas las cosas. Pero yo os digo que Elías ya vino, y no le reconocieron; más bien, hicieron con él todo lo que quisieron. Así también el Hijo del Hombre ha de padecer de ellos.

Entonces los discípulos entendieron que les hablaba de Juan el Bautista (Mateo 17:1-13).

Jesús confirmó la confesión de Pedro que dijo que él era el Hijo de Dios.

Entonces Jesús respondió y le dijo:

—Bienaventurado eres, Simón hijo de Jonás, porque no te lo reveló carne ni sangre, sino mi Padre que está en los cielos (Mateo 16:17).

En la última cena con sus discípulos, Jesús les reveló que su muerte se aproximaba y que uno de sus discípulos iba a traicionarlo.

Mientras ellos comían, Jesús tomó pan y lo bendijo; lo partió y lo dio a sus discípulos, y dijo:

—Tomad; comed. Esto es mi cuerpo.

Tomando la copa, y habiendo dado gracias, les dio diciendo:

—Bebed de ella todos; porque esto es mi sangre del pacto, la cual es derramada para el perdón de pecados para muchos. Pero os digo que desde ahora no beberé más de este fruto de la vid, hasta aquel día cuando lo beba nuevo con vosotros en el reino de mi Padre.

Y después de cantar un himno, salieron al monte de los Olivos (Mateo 26:26-30).

Jesús mantuvo la verdad absoluta

Las declaraciones de Jesús no dejan lugar a dudas acerca de su creencia en la verdad absoluta. Usted puede creerla o no.

Jesús le dijo:

—Yo soy el camino, la verdad y la vida; nadie viene al Padre, sino por mí (Juan 14:6).

Respondió Jesús y les dijo:

—Destruid este templo, y en tres días lo levantaré (Juan 2:19).

Yo soy la puerta. Si alguien entra por mí, será salvo; entrará, saldrá y hallará pastos (Juan 10:9).

¿Cuáles son los enemigos del hábito de decir la verdad?

1. Adulación: "Te ves muy bien" (cuando en realidad usted no cree lo que está diciendo).
2. Conveniencia: "La verdad me hace responsable".
3. Cobardía: "No quiero involucrarme en eso".

MEDICINAS DILUIDAS, VERDAD DILUIDA

Recientemente, en la Ciudad de Kansas, Estados Unidos de América, un farmacéutico fue acusado de diluir ciertas medicinas para el tratamiento del cáncer llamadas Gemzar y Taxol a fin de obtener más ganancia económica. Se establecieron 20 acusaciones contra el farmacéutico, llamado Robert Courtney. El acusado admitió que había diluido medicinas entre los meses de noviembre del año 2000 y marzo del 2001. Este hombre tenía en sus manos el poder de ayudar a salvar algunas vidas y, por el deseo de obtener más ganancia personal, diluyó los medicamentos al punto que no producían ninguna ayuda a las personas. Nosotros podemos hacer lo mismo con la verdad salvadora de Dios[1].

4. Temor: "La verdad me puede causar pérdidas".

5. Rumores: "Esto es lo que me dijeron".

Fórmese el hábito de decir siempre la verdad

1. Prometa vivir y decir siempre la verdad, cueste lo que cueste.

Permita que esta convicción defina su vida. Manténgase unido a la verdad en todo tiempo, aun cuando vaya en contra de lo que se considere políticamente correcto. La verdad frecuentemente contradice los prejuicios sociales. Recuerde que no sólo es vital decir la verdad, sino también vivir de manera consistente con la verdad.

2. Confiese inmediatamente a Dios cualquier deseo de engañar o mentir.

Trate de inmediato con cualquier desvío de la verdad. Permitir algo incorrecto en nuestra vida puede afectar toda nuestra perspectiva. Apenas nos demos cuenta de que hemos dicho algo incorrecto en palabras o acción, debemos tratar con eso cuanto antes, buscando el perdón de Dios y comprometiéndonos con la verdad en nuestra vida.

> **Dios nos prohíbe transitar la verdad que no hemos puesto en práctica.**
> **—H. A. Ironside**

3. Evite cualquier forma de mentira.

Hay muchas formas de mentir. Podemos mentir exagerando, haciendo falsos halagos, callando cuando deberíamos hablar, cayendo en el fraude o la hipocresía. Una mentira es una mentira, no importa el modo en que ocurra.

4. Usted no está obligado a decir todo lo que sabe.

Hay ciertas verdades que es necesario callar. Necesitamos la sabiduría de Dios para saber qué decir y qué callar. Que algo sea cierto no implica que deba ser necesariamente comunicado a otros.

5. Conozca el poder de la libertad generado por el hábito de decir la verdad.

La verdad y la libertad están vitalmente relacionadas. La libertad sólo se consigue como resultado de abrazar la verdad. Si hablamos y actuamos según la verdad, Jesús nos ha prometido el poder que produce la libertad.

6. Confronte lo que no es verdad.

Manténgase firme en la verdad. Si se dice algo que no es correcto, es su responsabilidad dar la información correcta. Si callamos, nos hacemos responsables de evadir la verdad.

7. Algunas verdades necesitan ser compartidas en el momento correcto.

Nunca comparta la verdad para hacer quedar mal a alguien. Sea sensible y escoja el momento apropiado para comunicar asuntos delicados aunque estos sean ciertos.

8. Para comunicar la verdad, use el tono de voz y el lenguaje corporal adecuados.

El tono de voz y el lenguaje corporal tienen, a veces, mayor fuerza que las palabras mismas. Pueden hacer que la persona se abra a la verdad o se ponga a la defensiva y no esté dispuesta a aceptar la verdad.

9. Si usted ha mentido, confiéselo y diga lo correcto.

Esto puede llegar a ser muy difícil, pero es lo que se debe hacer. Dios puede usar su confesión para reforzar su credibilidad e influencia. Un cristiano que confiesa: "He confundido las cosas; por favor, perdónenme. Estaba equivocado", puede causar un tremendo impacto y puede ofrecer un gran testimonio para aquellos que no son cristianos.

10. Rechace decir la verdad a medias.

Un leve desvío de la verdad puede afectar negativamente su carácter y su testimonio. Los pequeños desvíos suelen causar severas complicaciones, al punto de poner en peligro la verdad que tanto deseamos sostener.

USTED NO ES EL MISMO

Los investigadores de la conducta humana han encontrado que existen, por lo menos, tres situaciones en las que no actuamos como somos. La primera de ellas se da en la sala de recepción de un hotel muy lujoso en el cual estamos hospedados. La segunda, cuando escondemos nuestras emociones frente a un vendedor de automóviles en una sala de ventas. La tercera, cuando entramos en el templo o la sinagoga y tratamos de convencer al Señor de que hemos sido buenos durante toda la semana[2].

EL HÁBITO DE
DESCANSAR

PASAJE GUÍA

Aquel día Jesús salió de la casa y se sentó junto al mar. Y se le acercó mucha gente, de manera que él entró en una barca para sentarse, y toda la multitud estaba de pie en la playa.

Mateo 13:1, 2

El hábito de Jesús de descansar nos guía a tomar la decisión de relajar el cuerpo con cierta frecuencia para dormir por la noche y en ciertos momentos del día.

> *Algunas veces, la cosa más espiritual que una persona puede hacer es dormir.*
> *—Charles H. Spurgeon*

Jesús nos mostró cómo descansar

Cuando descanso me siento culpable es el título de un libro que captó mi atención. Realmente, me sentí un poco culpable sólo por leer el título. Tim Hansel, el autor, dice: "Hoy más que nunca, necesitamos aprender cómo darnos permiso para descansar, jugar, gozar de la vida y disfrutar de Dios por ser él quien es"[1]. Alguien con mucho sentido del humor comentó que vivimos en una sociedad que se pregunta por qué Dios descansó el séptimo día.

Jesús hizo del descanso un hábito. Aflojó el cuerpo y no se sintió culpable por hacerlo. Durmió cuando lo necesitaba. Muchas veces se sintió cansado, agotado, sin fuerzas, exactamente como cualquiera de nosotros. Sin embargo, en lugar de continuar forzando su cuerpo, presionó el botón de "pausa" y descansó. Sólo una vez encontramos que Jesús estuvo angustiado: en el jardín de Getsemaní.

Tomó consigo a Pedro y a los dos hijos de Zebedeo, y comenzó a entristecerse y a angustiarse (Mateo 26:37).

La palabra *angustia* significa tribulación. Jesús comprende la tensión que usted está soportando. De hecho, nadie ha experimentado jamás la magnitud de tensión que Jesús soportó en el jardín de Getsemaní.

Jesús se sentó a la orilla del mar

Aquel día Jesús salió de la casa y se sentó junto al mar. Y se le acercó mucha gente, de manera que él entró en una barca para sentarse, y toda la multitud estaba de pie en la playa (Mateo 13:1, 2).

Jesús usó este tiempo para reflexionar y para descansar su cuerpo.

Jesús buscó lugar en una montaña

Cuando Jesús partió de allí, fue junto al mar de Galilea, y subiendo al monte se sentó allí (Mateo 15:29).

A Jesús le gustaba ir a una montaña para tomarse un tiempo de descanso.

FATIGA PELIGROSA

La publicación *The Twenty-Four Hour Society* dice que los más notorios accidentes industriales en los años recientes, tales como el de la central atómica de Chernobyl o el fatal error de navegación de la línea Coreana 007, ocurrieron a la media noche. Un avión de guerra de los Estados Unidos de América derribó un gran avión de pasajeros de una línea aérea iraní matando a las 290 personas que viajaban a bordo. Los operadores del Centro de Información de Combates, un centro de alta tecnología, fatigados y estresados, malinterpretaron los datos del radar e informaron repetidamente al piloto militar que el avión de pasajeros estaba descendiendo como si fuera a atacar, cuando en realidad permanecía en su ruta normal de vuelo. En el desastre del transbordador espacial *Challenger*, importantes oficiales de la N.A.S.A. tomaron la fatídica decisión de continuar con el lanzamiento después de trabajar durante 24 horas, habiendo dormido sólo dos o tres horas la noche anterior al lanzamiento. Este error costó la vida de siete astronautas y casi eliminó el programa espacial de los Estados Unidos de América. Ignoramos nuestra necesidad de descanso y renovación a riesgo de poner en peligro nuestra propia vida y la de otros [2].

Jesús se sentó a la orilla de un pozo

Estaba allí el pozo de Jacob. Entonces Jesús, cansado del camino, estaba sentado junto al pozo. Era como la hora sexta (Juan 4:6).

Jesús se sentó y, seguramente, se refrescaba tomando un poco de agua fría.

Jesús se durmió en una barca durante una feroz tormenta

Y de repente se levantó una tempestad tan grande en el mar que las olas cubrían la barca, pero él dormía (Mateo 8:24).

Su confianza en el Padre le permitía dormir en medio de la tormenta. Nuestra fe nos provee paz, no importa en qué tormenta nos encontremos.

> *No es una desgracia tener que descansar un momento.*
> *—Gene Fowler.*

¿Cuáles son los enemigos del hábito de descansar?

1. Ocupaciones: "Simplemente, no tengo tiempo para descansar".
2. Culpabilidad: "Si descanso, me sentiré culpable".
3. Expectativas exageradas: "No terminaré el trabajo si tomo tiempo para descansar".
4. Horario sobrecargado: "No puedo parar, pues si lo hago estaré más atrasado y nunca lograré ponerme al día".

Haga del descanso un hábito

1. Acuéstese suficientemente temprano como para dormir el tiempo que necesita.

Generalmente, los adultos necesitan dormir ocho horas. Privarse de dormir está llegando a ser una preocupación de seguridad nacional. Cuando dormimos, el cuerpo se recupera y se prepara para el nuevo día, que viene lleno de las oportunidades que Dios provee.

2. Escuche a su cuerpo.

El cuerpo le comunicará lo que usted necesita. Préstele atención. No ignore las señales de advertencia que le da.

3. Durante las épocas de mucha tensión, aprenda cómo detenerse, hacer una pausa y descansar.

El estrés es asesino y, si no se trata adecuadamente, consumirá su cuerpo poco a poco. No es asunto de cuándo tendremos estrés; es asunto de cómo lo vamos a manejar. El descanso provee una gran parte de la respuesta.

4. Cuando se acueste por la noche, entregue todas sus preocupaciones al Señor de manera consciente y con fe.

Descargue sus inquietudes. Descanse con la seguridad de que Dios se mantendrá despierto toda la noche. Deje sus preocupaciones en manos de él mientras usted duerme. ¡Él puede manejarlas!

5. Tome una siesta.

Muchos de los grandes líderes de la historia sabían del poder de una corta siesta. Unos pocos minutos pueden hacer toda la diferencia en su día.

6. Identifique los puntos principales que le producen tensión.

Ore a Dios acerca de cada uno de ellos, pidiéndole sabiduría. Pida a Dios ayuda para conocer la mejor manera de tratar con sus puntos de estrés. Cuando se dé cuenta de cuál es su mayor generador de tensión y en qué momentos aparece, podrá manejarlo más fácilmente.

LOS ESTADOUNIDENSES NO DUERMEN BIEN

La Fundación Nacional del Sueño hizo una encuesta telefónica entre 1.004 adultos y encontró que:

- El 63% de los adultos encuestados duerme menos de las ocho horas recomendadas cada noche, y un 31% duerme menos de siete horas.
- El 40% de los adultos encuestados informó tener problemas para estar despierto durante el día.
- En los últimos cinco años, la gente en los Estados Unidos de América ha trabajado más y dormido menos.
- Ocho de cada 10 personas dijeron que habrían dormido más si hubieran sabido que el sueño podía mejorar su salud y su memoria.
- Los desórdenes del sueño afectan a 70 millones de personas en los Estados Unidos de América. Unos 100.000 millones de dólares se gastan cada año a causa de accidentes en gastos médicos y pérdida del trabajo (Estadísticas de *Brain Facts*, Sociedad de Neurociencia, 2002).
- El efecto de caminar dormido se conoce con el nombre de "sonambulismo"; hablar dormido también se conoce como "somniloquio"[3].

7. Váyase a otro lugar, lejos de su trabajo, para descansar.

El descanso adecuado le dará una perspectiva diferente. Las cosas frecuentemente se ven mejor a la distancia.

> *Tómate un descanso; un campo que descansa da una abundante cosecha.*
> *—Ovidio*

8. Encuentre un pasatiempo, algo que usted disfrute y le traiga paz mental.

Esto será diferente para cada persona. Sólo tiene que hacer algo que satisfaga sus necesidades. Quizá tenga que experimentar hasta que encuentre algo que le brinde esa relajación física y mental.

9. Guarde el sábado o, al menos, un día a la semana para descansar.

Dios diseñó nuestros cuerpos de esta manera. Necesitamos al menos un día a la semana para hacer que nuestro cuerpo descanse del trabajo diario.

10. Si algo le impide descansar, hágase examinar por su médico para determinar si se trata de un problema físico o emocional.

Una visita al médico puede detectar áreas en las cuales su cuerpo puede mejorar. Si sufre por un asunto emocional, considere hablar con un consejero profesional cristiano. Dios desea lo mejor para nosotros y, para lograrlo, puede ser necesario que tengamos que confrontar nuestros problemas físicos y emocionales.

HACHA CON FILO O HACHA SIN FILO

Se cuenta la historia de dos hombres que tenían el difícil trabajo de cortar los árboles en cierto bosque. El contrato especificaba que se les pagaría por árbol derribado. Guillermo deseaba que su día fuera productivo, de modo que, gruñendo y sudando, golpeaba los árboles sin descansar. Eduardo, por su parte, parecía trabajar a un ritmo menor. Además, se tomó un descanso y se sentó por algunos minutos. Guillermo continuó cortando hasta que cada músculo y cada tendón de su cuerpo estuvieron a punto de estallar. Al final del día, Guillermo estaba terriblemente dolorido, mientras que Eduardo estaba sonriente y alegre. Sorprendentemente, ¡Eduardo era quien había cortado más árboles! Guillermo le dijo: "Me fijé que estabas sentado, mientras yo trabajaba sin parar. ¿Cómo pudiste cortar más árboles que yo?". Eduardo sonrió y respondió: "¿No notaste que yo afilaba mi hacha mientras estaba sentado?"[4].

EL HÁBITO DE
ACTUAR VARONILMENTE

PASAJE GUÍA

Subió como un retoño delante de él, y como una raíz de tierra seca.
No hay parecer en él, ni hermosura; lo vimos,
pero no tenía atractivo como para que lo deseáramos.

Isaías 53:2

El hábito de Jesús de actuar varonilmente ilustra el decidir como hombre, ser físicamente fuerte, emocionalmente equilibrado, estar mentalmente en crecimiento y espiritualmente en desarrollo.

Jesús nos mostró cómo actuar varonilmente

Jesús fue un consumado varón de acero y terciopelo. Fue un verdadero varón, el varón más genuino que jamás haya existido. No fue machista; sin embargo, fue más varón que todos los varones. No hubo ningún rasgo en su apariencia que condujera a la gente a pensar que era físicamente atractivo. Isaías nos dice:

> Subió como un retoño delante de él, y como una raíz de tierra seca. No hay parecer en él, ni hermosura; lo vimos, pero no tenía atractivo como para que lo deseáramos (Isaías 53:2).

Sin embargo, las personas se sintieron atraídas hacia su persona.

En cierta ocasión alguien le preguntó al doctor Albert Schweitzer: "¿Cuál es el mayor problema de los hombres hoy?". Después de una breve pausa, respondió: "El mayor problema de los hombres hoy es que no piensan".
—Albert Schweitzer[1]

En nuestra sociedad, los varones parecen estar confundidos acerca de la hombría. ¿Qué es un varón y cómo se supone que debe actuar? Piense en algunos de nuestros modelos televisivos: Homero Simpson, Sylvester Stalone o Arnold Schwarzenegger.

Jesús debe ser nuestro modelo de varón.

Jesús fue lo suficientemente fuerte como para cargar su propia cruz y lo suficiente tierno como para permitir que los niños se sentaran sobre sus rodillas

Y él salió llevando su cruz hacia el lugar que se llama de la Calavera, y en hebreo Gólgota (Juan 19:17).

Entonces le fueron presentados unos niños, para que pusiese las manos sobre ellos y orase. Pero los discípulos los reprendieron (Mateo 19:13).

Jesús fue muy tierno y amable con los niños.

Jesús fue suficientemente fuerte como para enfrentar a los fariseos y decirles la verdad, y fue lo suficiente sensible como para permitir que una mujer derramara perfume sobre él

¡Ay de vosotros, escribas y fariseos, hipócritas! Porque cerráis el reino de los cielos delante de los hombres. Pues vosotros no entráis, ni dejáis entrar a los que están entrando.

EL VARÓN PROMEDIO

En los Estados Unidos de América, el varón promedio mide 1,75 metros de estatura y pesa 78 kilos. Está casado, es un año y ocho meses mayor que su esposa y le gustaría casarse con ella de nuevo. No ha completado la universidad. Gana 28.605 dólares por año. Prefiere tomar una ducha rápida antes que un baño de inmersión. Usa unas 7,2 horas por semana para comer. Desconoce el grado de colesterol que tiene, pero es de 211. Mira televisión casi 27 horas por semana. Saca la basura de su casa. Prefiere las camisetas interiores blancas a las de color. Grita una vez al mes. Se enamora un promedio de seis veces durante su vida. Come el maíz haciéndolo girar y no en línea recta, y prefiere su carne cocida término medio. No puede silbar colocándose los dedos en la boca. Prefiere que el papel higiénico se desenrolle del lado de arriba. Tiene relaciones sexuales 2,55 veces por semana. Tiene frecuentes fantasías sexuales. Piensa que cuando está desnudo se ve bien. Y no se detiene a preguntar por la dirección cuando está guiando el automóvil[2].

¡Ay de vosotros, escribas y fariseos, hipócritas! Porque devoráis las casas de viudas y como pretexto hacéis largas oraciones. ¡Por esto recibiréis mayor condenación!

¡Ay de vosotros, escribas y fariseos, hipócritas! Porque recorréis mar y tierra para hacer un solo prosélito; y cuando lo lográis, le hacéis un hijo del infierno dos veces más que vosotros.

¡Ay de vosotros, guías ciegos! Pues decís: "Si uno jura por el santuario, no significa nada; pero si jura por el oro del santuario, queda bajo obligación". ¡Necios y ciegos! ¿Cuál es más importante: el oro o el santuario que santifica al oro? O decís: "Si uno jura por el altar, no significa nada; pero si jura por la ofrenda que está sobre el altar, queda bajo obligación". ¡Ciegos! ¿Cuál es más importante: la ofrenda o el altar que santifica a la ofrenda? Por tanto, el que jura por el altar, jura por el altar y por todo lo que está sobre él. Y el que jura por el santuario, jura por el santuario y por aquel que habita en él. Y el que jura por el cielo, jura por el trono de Dios y por aquel que está sentado sobre él.

¡Ay de vosotros, escribas y fariseos, hipócritas! Porque entregáis el diezmo de la menta, del eneldo y del comino; pero habéis omitido lo más importante de la ley, a saber, el juicio, la misericordia y la fe. Era necesario hacer estas cosas sin omitir aquéllas. ¡Guías ciegos, que coláis el mosquito pero tragáis el camello!

¡Ay de vosotros, escribas y fariseos, hipócritas! Porque limpiáis lo de afuera del vaso o del plato, pero por dentro están llenos de robo y de desenfreno. ¡Fariseo ciego! ¡Limpia primero el interior del vaso para que también el exterior se haga limpio!

¡Ay de vosotros, escribas y fariseos, hipócritas! Porque sois semejantes a sepulcros blanqueados que, a la verdad, se muestran hermosos por fuera; pero por dentro están llenos de huesos de muertos y de toda impureza. Así también vosotros, a la verdad, por fuera os mostráis justos a los hombres; pero por dentro estáis llenos de hipocresía e iniquidad. ¡Ay de vosotros, escribas y fariseos, hipócritas! Porque edificáis los sepulcros de los profetas y adornáis los monumentos de los justos, y decís: "Si hubiéramos vivido en los días de nuestros padres, no habríamos sido sus cómplices en la sangre de los profetas". Así dais testimonio contra vosotros mismos de que sois hijos de aquellos que mataron a los profetas. ¡Colmad también vosotros la medida de vuestros padres!

¡Serpientes! ¡Generación de víboras! ¿Cómo os escaparéis de la condenación del infierno? Por tanto, mirad; yo os envío profetas, sabios y escribas; y de ellos, a unos mataréis y crucificaréis, y a otros azotaréis en vuestras sinagogas y perseguiréis de ciudad en ciudad, de manera que venga sobre vosotros toda la sangre justa que se ha derramado sobre la tierra, desde la sangre del justo Abel hasta la sangre de Zacarías hijo de Berequías, a quien matasteis entre el santuario y el altar. De cierto os digo, que todo esto recaerá sobre esta generación (Mateo 23:13-36).

Estando Jesús en Betania, en casa de Simón el leproso, vino a él una mujer trayendo un frasco de alabastro con perfume de gran precio, y lo derramó sobre la cabeza de Jesús mientras estaba sentado a la mesa. Al verlo, sus discípulos se indignaron y dijeron:

—¿Para qué este desperdicio? Porque esto podría haberse vendido a un gran precio y haberse dado a los pobres.

Como Jesús se dio cuenta, les dijo:

—¿Por qué molestáis a la mujer? Pues ha hecho una buena obra conmigo. Porque siempre tenéis a los pobres con vosotros, pero a mí no siempre me tenéis. Porque al derramar este perfume sobre mi cuerpo, ella lo hizo para prepararme para la sepultura. De cierto os digo que dondequiera que este evangelio sea predicado en todo el mundo, también será contado lo que esta mujer ha hecho, para memoria de ella (Mateo 26:6-13).

Jesús fue lo suficientemente fuerte como para echar fuera de la casa de Dios a los cambistas de dinero, pero también lo suficientemente tierno como para llorar por la muerte de su amigo Lázaro

Entró Jesús en el templo y echó fuera a todos los que vendían y compraban en el templo. Volcó las mesas de los cambistas y las sillas de los que vendían palomas (Mateo 21:12).

Jesús lloró (Juan 11:35).

Jesús fue lo suficientemente inteligente como para tratar con un intelectual como Nicodemo; sin embargo, fue uno de esos muchachos a los que les gusta ir a pescar

Y había un hombre de los fariseos que se llamaba Nicodemo, un gobernante de los judíos. Este vino a Jesús de noche y le dijo:

—Rabí, sabemos que has venido de Dios como maestro; porque nadie puede hacer estas señales que tú haces, a menos que Dios esté con él.

Respondió Jesús y le dijo:

—De cierto, de cierto te digo que a menos que uno nazca de nuevo no puede ver el reino de Dios.

HOGARES QUE NECESITAN LÍDERES ESPIRITUALES

Estudios recientes arrojan mucha luz sobre la importancia del liderazgo espiritual de los varones en el hogar. Gracias a estos descubrimientos, se sabe que, de los 98 millones de varones en los Estados Unidos de América, 68 millones no asisten a la iglesia. Esto ocurre a pesar de que el 86% de ellos creció con algún trasfondo religioso. Las investigaciones han demostrado que cuando la primera persona en una familia que llega a ser cristiano es un niño, hay solamente un 3,5% de probabilidades de que alguien más en esa familia llegue a ser cristiano. Si la madre es la primera en aceptar a Cristo, el porcentaje sube a 17%. Pero si el primero en llegar a Cristo es el padre, hay un 93% de probabilidades de que cada miembro de su familia lo siga. Cuando el padre lidera los asuntos espirituales, buenas cosas ocurren en su hogar. Oremos todos juntos para que Dios llame a más varones a un avivamiento y renovación espiritual. Nunca ha habido una generación en los Estados Unidos de América que haya tenido mayor necesidad de padres que sean líderes espirituales de sus familias[3].

Nicodemo le dijo:

—¿Cómo puede nacer un hombre si ya es viejo? ¿Puede acaso entrar por segunda vez en el vientre de su madre y nacer?

Respondió Jesús:

—De cierto, de cierto te digo que a menos que uno nazca de agua y del Espíritu, no puede entrar en el reino de Dios. Lo que ha nacido de la carne, carne es; y lo que ha nacido del Espíritu, espíritu es. No te maravilles de que te dije: "Os es necesario nacer de nuevo". El viento sopla de donde quiere, y oyes su sonido; pero no sabes ni de dónde viene ni a dónde va. Así es todo aquel que ha nacido del Espíritu.

Respondió Nicodemo y le dijo:

—¿Cómo puede suceder eso?

Respondió Jesús y le dijo:

—Tú eres el maestro de Israel, ¿y no sabes esto? De cierto, de cierto te digo que hablamos de lo que sabemos; y testificamos de lo que hemos visto. Pero no recibís nuestro testimonio. Si os hablé de cosas terrenales y no creéis, ¿cómo creeréis si os hablo de las celestiales? Nadie ha subido al cielo, sino el que descendió del cielo, el Hijo del Hombre. Y como Moisés levantó la serpiente en el desierto, así es necesario que el Hijo del Hombre sea levantado, para que todo aquel que cree en él tenga vida eterna. Porque de tal manera amó Dios al mundo, que ha dado a su Hijo unigénito, para que todo aquel que en él cree no se pierda, mas tenga vida eterna. Porque Dios no envió a su Hijo al mundo para condenar al mundo, sino para que el mundo sea salvo por él. El que cree en él no es condenado; pero el que no cree ya ha sido condenado, porque no ha creído en el nombre del unigénito Hijo de Dios. Y ésta es la condenación: que la luz ha venido al mundo, y los hombres amaron más las tinieblas que la luz, porque sus obras eran malas. Porque todo aquel que practica lo malo aborrece la luz, y no viene a la luz, para que sus obras no sean censuradas.

Pero el que hace la verdad viene a la luz para que sus obras sean manifiestas, que son hechas en Dios (Juan 3:1-21).

Aconteció que, mientras las multitudes se agolpaban sobre él y escuchaban la palabra de Dios, Jesús estaba de pie junto al lago de Genesaret, y vio dos barcas que estaban a la orilla del lago. Los pescadores habían salido de ellas y estaban lavando sus redes. Al entrar él en una de las barcas, la cual pertenecía a Simón, pidió a éste que la apartase de tierra un poco. Luego se sentó y enseñaba a las multitudes desde la barca. Cuando acabó de hablarles, dijo a Simón:

—Boga mar adentro, y echad vuestras redes para pescar.

Simón le respondió y dijo:

—Maestro, toda la noche hemos trabajado duro y no hemos pescado nada. Pero por tu palabra echaré la red.

Cuando lo hicieron, atraparon una gran cantidad de peces, y sus redes se rompían. Hicieron señas a sus compañeros que estaban en la otra barca, para que viniesen a ayudarles. Ellos vinieron y llenaron ambas barcas, de manera que se hundían (Lucas 5:1-7).

EL MUNDO NECESITA VARONES

El mundo necesita varones que...

- no se venden.
- son de palabra confiable.
- ponen su personalidad por sobre sus intereses materiales.
- tienen voluntad y opinión propia.
- son consecuentes con su vocación.
- no dudan cuando llega la oportunidad.
- no pierden su individualidad en medio de la multitud.
- son honestos en las pequeñas y grandes cosas.
- no asumen compromisos equivocados.
- no poseen ambiciones determinadas por sus propios deseos.
- no dicen que hacen algo porque "todos lo hacen".
- dicen la verdad a sus amigos, tanto lo bueno como lo malo, tanto en la adversidad como en la prosperidad.
- no creen que la astucia, el fraude y la conveniencia sean las mejores cualidades para conseguir el éxito.
- no sienten vergüenza ni temor de sostener la verdad cuando esta es impopular.
- dicen con tranquilidad y sin violencia la palabra "sí"[4].

Jesús soportó dolorosos latigazos y murió en la cruz como un varón, sin embargo, fue sensible a las necesidades de otros hasta el último momento de su vida

Entonces los soldados del procurador llevaron a Jesús al Pretorio y reunieron a toda la compañía alrededor de él. Después de desnudarle, le echaron encima un manto de escarlata. Habiendo entretejido una corona de espinas, se la pusieron sobre su cabeza, y en su mano derecha pusieron una caña. Se arrodillaron delante de él y se burlaron de él, diciendo:

—¡Viva, rey de los judíos!

Y escupiendo en él, tomaron la caña y le golpeaban la cabeza.

> *Velad, estad firmes en la fe; portaos varonilmente, y esforzaos.*
> *—1 Corintios 16:13 (RVR-1960)*

Y cuando se habían burlado de él, le quitaron el manto, le pusieron sus propios vestidos y le llevaron para crucificarle. Mientras salían, hallaron a un hombre de Cirene llamado Simón. A éste le obligaron a cargar la cruz de Jesús (Mateo 27:27-32).

Cuando Jesús vio a su madre y al discípulo a quien amaba, de pie junto a ella, dijo a su madre:

—Mujer, he ahí tu hijo.

Después dijo al discípulo:

—He ahí tu madre.

Y desde aquella hora el discípulo la recibió en su casa (Juan 19:26, 27).

Jesús tuvo todo el poder a su disposición, sin embargo, eligió sufrir en la cruz por causa de su amor a los pecadores

¿O piensas que no puedo invocar a mi Padre y que él no me daría ahora mismo más de doce legiones de ángeles? (Mateo 26:53).

Una legión es un grupo de 6.000 soldados. Jesús estaba diciendo que él podía haber llamado a 72.000 ángeles para que vinieran a protegerlo. Ser un verdadero varón es mantener la fuerza bajo control.

¿Cuáles son los enemigos del hábito de actuar varonilmente?

1. Confusión: "¿Cómo debo comportarme?".
2. Funciones: "¿Qué se supone que debo hacer?".
3. Cultura: "Mi esposa es capaz de decidir por sí misma".
4. Renuncia: "No deseo asumir esa responsabilidad".

Fórmese el hábito de actuar varonilmente

1. Un varón de verdad es amoroso, amable, manso y sensible.

La amabilidad puede ser la característica más atractiva que un varón puede poseer. Esta es fuerte bajo el control de la gracia.

LA VERDADERA DIFERENCIA ENTRE LOS HOMBRES Y LAS MUJERES

SOBRENOMBRES

Si Laura, Susana, Débora y Rosa salen juntas a comer fuera, se llamarán unas a otras por su propio nombre: Laura, Susana, Débora y Rosa.

Si Miguel, Carlos, Roberto y Juan salen a comer juntos, se referirán con aprecio entre sí con apodos tales como *Gordo, Flaco, Gallo* y *Oso*.

SALIR A COMER

Cuando llega la cuenta, Miguel, Carlos, Roberto y Juan ponen cada uno sobre la mesa un billete de $20,00 aunque el total sea de $32,50. Nadie dejará nada menos y ninguno admitirá que desea el cambio.

Cuando las mujeres reciben la cuenta, sacan una calculadora para ver cuánto le corresponde pagar a cada una.

DINERO

Un hombre pagará $2,00 por algo que vale $2,00 y que él realmente desea.

Una mujer pagará $1,00 por algo que vale $2,00 aunque ella realmente no lo desea.

CUARTO DE BAÑO

Un hombre tiene cinco cosas en su baño: un cepillo de dientes, crema de afeitar, una máquina de afeitar, jabón y una toalla que tomó del hotel en el cual se hospedó la última vez.

Una mujer normal tiene como promedio unas 337 cosas. Un hombre difícilmente podrá identificar cada una de esas cosas.

MATRIMONIO

Una mujer se casa con un hombre esperando que él cambie, pero él no cambia.

Un hombre se casa con una mujer esperando que ella nunca cambie, pero ella cambia.

LOS FRUTOS DEL AMOR

Ah, los hijos... Una mujer, conoce todo acerca de sus niños. Ella recuerda las citas con el dentista, la primera vez que se enamoraron, sus mejores amigos, sus comidas favoritas, sus temores secretos, sus esperanzas y sus sueños.

Un hombre, muy vagamente recuerda o está conciente de esos pequeños seres que viven en su casa[5].

2. Un varón de verdad puede llorar.

Sugerir que un verdadero varón no llora es negar que Jesús fue varón. Las lágrimas pueden expresar la compasión de un hombre hacia alguien o el dolor que siente por alguien. Un hombre no debe sentirse incómodo cuando llora.

3. Un varón de verdad no siente la necesidad de actuar como "macho", sin embargo, su forma de actuar refleja su virilidad.

Macho es un término negativo que sugiere que un varón tiene que actuar de cierta manera para ser aceptado por otros varones. Un verdadero varón actúa como un varón, pero es suficientemente seguro de sí mismo como para no tener que probarle a otros que es un varón.

4. Un varón de verdad respeta a las mujeres.

Un varón encuentra su propia manera de mostrar el valor que ve en las mujeres. Esto se nota en su manera de hablar con las mujeres y acerca de las mujeres. Se nota en la interacción con mujeres dentro de sus relaciones cotidianas.

5. Un varón de verdad participa activamente en la crianza de sus hijos.

Criar a los hijos no es una tarea para mujeres solamente. Un varón debe participar en la formación de sus hijos no sólo en los grandes eventos de la vida sino también en las actividades cotidianas.

6. Un varón de verdad crece espiritualmente.

Un verdadero varón avanza en su fe constantemente. Está interesado en la lectura de la Biblia, ora diariamente y participa en su iglesia.

7. Un varón de verdad cuida su cuerpo.

Hace todo lo posible para cuidar su cuerpo. Da el ejemplo cuidándose de todo lo que puede dañar el cuerpo. Cuida su peso por medio del ejercicio y de una dieta saludable. Se esfuerza para tener el descanso apropiado.

8. Un varón de verdad es fiel a su esposa.

Toma muy seriamente sus votos matrimoniales. Un verdadero varón, como Job, hace el pacto de no ver a otras mujeres con lujuria.

Es fiel a la mujer con quien se casó mientras realiza cualquiera de sus tareas.

9. Un varón de verdad no se coloca intencionalmente en lugares donde puede ser tentado fácilmente.

Evita situaciones que pueden conducirle a bajar la guardia espiritual y moral. Guarda su corazón contra cualquier cosa que amenaza su pureza. Es más, trata inmediatamente con los pensamientos impuros.

10. Un varón de verdad se viste bien, pero no vive preocupado por su apariencia personal.

Un varón debe hacer todo lo posible para buscar la excelencia en su apariencia. Sin embargo, no permitirá que la vanidad lo controle. En nuestra sociedad, esta es una batalla constante que sí es posible ganar.

EL HÁBITO DE
DEMOSTRAR APRECIO A LAS MUJERES

PASAJE GUÍA

Entonces Jesús se enderezó y le preguntó:
—Mujer, ¿dónde están? ¿Ninguno te ha condenado?
Y ella dijo:
—Ninguno, Señor.
Entonces Jesús le dijo:
—Ni yo te condeno. Vete y desde ahora no peques más.
Juan 8:10, 11

El hábito de Jesús de mostrar aprecio a las mujeres implica el tomar la decisión de tratar a todas las mujeres, en cualquier situación, con la mayor dignidad y respeto que se merecen.

> *Uno puede juzgar a una civilización por la manera como trata a sus mujeres.*
> **—Helen Foster Snow[1]**

Jesús nos mostró cómo expresar aprecio a las mujeres

Jesús elevó a las mujeres a su más alto nivel. Nadie jamás pudo acusarlo de tratar indebidamente a una mujer. Siempre lo hizo con respeto y dignidad. Sus enseñanzas reforzaron su conducta. Para saber cómo tratar a las mujeres, veamos a Jesús, el máximo ejemplo.

Jesús valoró a las mujeres tanto como a los hombres

Jesús amaba a Marta, a su hermana y a Lázaro (Juan 11:5).

Las mujeres desempeñaron un papel estratégico en la vida y ministerio de Jesús. Algunas de sus mejores amistades fueron muje-

165

res, como Marta y María. Jesús también valoró altamente la sabiduría de las mujeres escuchando sus opiniones y sus consejos.

Jesús escuchó a las mujeres

Y como faltó el vino, la madre de Jesús le dijo:

—No tienen vino.

Jesús le dijo:

—¿Qué tiene que ver eso conmigo y contigo, mujer? Todavía no ha llegado mi hora.

Su madre dijo a los que servían:

—Haced todo lo que él os diga.

Había allí seis tinajas de piedra para agua, de acuerdo con los ritos de los judíos para la purificación. En cada una de ellas cabían dos o tres medidas. Jesús les dijo:

—Llenad de agua las tinajas.

Y las llenaron hasta el borde (Juan 2:3-7).

Jesús escuchó a su madre cuando ella le presentó una necesidad.

Jesús respetó a las mujeres

Junto a la cruz de Jesús estaban su madre, la hermana de su madre, María esposa de Cleofas y María Magdalena (Juan 19:25).

Jesús respetó el compromiso que ellas asumieron hacia su causa y su valentía al quedarse a su lado durante las horas más oscuras de su vida.

BAJO INFLUENCIA

En el libro *Under the Influence, How Christianity Transformed Civilization*, Alvin J. Schmidt observa: "El nacimiento de Jesús fue el punto clave en la historia de la mujer. Más que cualquier otra cosa que nuestro Señor haya hecho, él exaltó incalculablemente la condición de las mujeres. Es impresionante que ni Jesucristo ni los primeros cristianos promovieran una revolución ilegal. Más bien, fue el ejemplo que mostraron sus seguidores en sus relaciones con las mujeres lo que levantó su dignidad, libertad y derechos a un nivel nunca antes conocido por cualquier otra cultura"[2].

BUSCANDO
AL HOMBRE CORRECTO

Estudiosos del *Institute for American Values* condujeron una investigación denominada "Echando el anzuelo, agarrando al pez y buscando al hombre correcto". Hicieron preguntas a 1.000 mujeres estudiantes universitarias acerca del cortejo en el nuevo milenio. El resultado fue que el cortejo, que incluye salir con un hombre con la esperanza de encontrar un compañero para toda la vida, había sido reemplazado por una conducta que se denominó "echar el anzuelo".

Echarle el anzuelo a un hombre generalmente implica el uso de alcohol y alguna actividad sexual. El 40% de las mujeres consultadas admitió que había "echado el anzuelo" a algún hombre. Y una de cada 10 aseguró haberlo hecho por lo menos seis veces. Elizabeth Marquardt, coautora del informe, dice: "Las mujeres desean poder conocer bien a un hombre sin que sea necesario tener relaciones sexuales". Este estudio fue realizado después del Proyecto Nacional para el Matrimonio, llevado a cabo por la Universidad Rutgers y publicado en 1999, el cual concluyó que los estadounidenses se casan cada vez menos, y los que lo hacen son menos felices[3].

Cuando pasó el sábado, María Magdalena, María madre de Jacobo, y Salomé compraron especias aromáticas para ir a ungirle. Muy de mañana, el primer día de la semana, fueron al sepulcro apenas salido el sol (Marcos 16:1, 2).

Cuando Jesús resucitó, las mujeres estaban allí.

Una vez resucitado Jesús, muy de mañana en el primer día de la semana, apareció primeramente a María Magdalena, de la cual había echado siete demonios. Ella fue y lo anunció a los que habían estado con él, que estaban tristes y lloraban (Marcos 16:9, 10).

Era una mujer quien fue a decirles a Pedro y a Juan que el cuerpo de Jesús no estaba en el sepulcro.

Jesús afirmó a las mujeres

Entonces Jesús se enderezó y le preguntó:

—Mujer, ¿dónde están? ¿Ninguno te ha condenado?

Y ella dijo:

—Ninguno, Señor.

Entonces Jesús le dijo:

—Ni yo te condeno. Vete y desde ahora no peques más (Juan 8:10, 11).

Jesús afirmó el valor de esta mujer a pesar de sus pecados. Él la hizo sentirse nuevamente completa y con dignidad.

Jesús defendió a las mujeres

Pero como insistieron en preguntarle, se enderezó y les dijo:
—El de vosotros que esté sin pecado sea el primero en arrojar la piedra contra ella (Juan 8:7).

Jesús defendió a las mujeres cuando los hombres querían abusar de ellas o querían tratarlas mal. Él no podía tolerar el abuso verbal, emocional o físico a las mujeres.

Jesús decidió dar a conocer las verdades eternas a las mujeres

Jesús le dijo:
—Yo soy la resurrección y la vida. El que cree en mí, aunque muera, vivirá. Y todo aquel que vive y cree en mí no morirá para siempre. ¿Crees esto? (Juan 11:25, 26).

Jesús le reveló acerca de su resurrección a Marta.

El primer evangelista mencionado en la Biblia fue una mujer: la mujer que creyó en Cristo junto al pozo.

Entonces la mujer dejó su cántaro, se fue a la ciudad y dijo a los hombres:
—¡Venid! Ved un hombre que me ha dicho todo lo que he hecho. ¿Será posible que éste sea el Cristo? (Juan 4:28, 29).

MUJERES: PROVERBIOS 31

A través de la historia, los hombres han tratado a las mujeres como seres inferiores. Las mujeres atenienses tuvieron menor categoría que los hombres; frecuentemente fueron cuidadas por perros, tratadas como caprichosas y peleadoras; y presentadas como ignorantes en las comedias. En los días de Jesús, los judíos tenían una oración en la que agradecían a Dios diciendo: "Gracias por no haberme hecho un incrédulo o pagano, un esclavo o una mujer". Aplicación: sin el evangelio, ningún hombre jamás habría logrado una perspectiva adecuada de lo que significa la bendición que es una esposa. Proverbios 31, el capítulo bíblico sobre la mujer virtuosa, provee a los hombres un ejemplo de cómo reconocer a su esposa como un regalo. "Sus hijos se levantan y la llaman bienaventurada, su esposo también, y él la alaba... una mujer que teme al Señor es alabada". Déle la recompensa que se ha ganado[4].

¿Cuáles son los enemigos del hábito de demostrar aprecio a las mujeres?

1. Verlas como objeto sexual: "No estoy enamorado de ella, sólo la deseo".
2. Feminismo: "Las mujeres no necesitan a los hombres".
3. Abuso: "Puedo tratar a mi mujer como yo quiera".
4. Machismo: "El trabajo de las mujeres es servir a los hombres".

Fórmese el hábito de demostrar aprecio a las mujeres

1. Trate a cada mujer como a una dama.

Deje de hacer lo que está haciendo y ayúdela. Sea amable con las mujeres. Sea bondadoso. Sea un caballero. Respete a cada una de las mujeres.

2. Trate a cada mujer como a alguien de su misma condición intelectual.

Nunca trate a una mujer como si fuera un ser inferior. Sin duda, ella no lo es.

3. Ninguna mujer es su esclava.

Las mujeres no son objetos que un hombre posee; son personas que deben ser respetadas como iguales. Frecuentemente, los hombres han interpretado el principio bíblico que manda a las esposas obedecer a sus maridos como si allí se afirmara que "las esposas son esclavas del esposo". Ninguna mujer es esclava.

> *La esposa debe lograr que su marido se alegre de llegar a su casa, y él debe lograr que ella se lamente al verlo salir.*
> *—Martín Lutero*

4. Demuestre aprecio hacia las mujeres.

Las mujeres están capacitadas para hacer varias cosas a la misma vez; los hombres no. Exprese su aprecio por todo lo que las mujeres pueden hacer y por la rapidez y eficiencia con que pueden hacerlo. Además, aprecie las varias cosas que se requieren de ellas como esposas, madres y trabajadoras.

5. Vea a cada mujer, excepto a su esposa, como a una hermana o una madre.

Las mujeres no son un objeto sexual, a pesar de que nuestra so-

UNA ESPOSA QUE VALE 10 VACAS

Johnny Lingo vivió hace muchos años en la isla de Oahu, Hawai. Era conocido como un comerciante afortunado y sagaz, como un hombre que podía conseguir cualquier cosa al precio más barato del mercado. Lingo era un hombre inteligente y astuto; podía negociar mejor que cualquier persona en toda la isla. Su habilidad lo había hecho muy rico y muy respetado.

En ese tiempo, existía la costumbre de que los hombres ofrecieran a los padres de sus novias un cierto número de vacas a cambio de sus hijas, cuando las pedían en matrimonio. El precio promedio era de tres vacas, y la mayoría de los negocios se cerraba en ese precio. De vez en cuando, alguien podía pagar por una novia cuatro vacas, pero la muchacha tenía que ser excepcionalmente bella y tener mucha demanda. Se decía que una joven muchacha de extraordinaria belleza, gran carisma y maravilloso carácter había sido comprada por cinco vacas; pero nadie podía recordar su nombre ni los detalles del negocio, y nunca se pudo comprobar si el rumor era cierto.

Un hombre de la isla tenía dos hijas. La más joven era muy bonita y atractiva. Bien podía valer tres vacas, quizá hasta cuatro. Su hermana mayor permanecía soltera y no era muy atractiva que digamos. Su padre tenía poca esperanza de conseguir siquiera dos vacas por ella, así que había decidido que, si alguien le ofrecía una vaca, estaría dispuesto a darla. Pero nadie venía para solicitarla.

Un día, Johnny Lingo llegó a la casa de ese hombre. Todos creyeron que iba a pedir como esposa a la hija más joven, de modo que comenzaron a especular con el precio. La muchacha era muy atractiva y bien valía tres vacas, pero nadie regateaba mejor que Johnny Lingo. ¿Quién haría mejor negocio: Johnny o el padre de la muchacha? ¿Saldría Johnny de la casa con la muchacha por el precio base de tres vacas? ¿Insistiría el padre en que valía no menos de cuatro? Todos en la isla estaban muy interesados en saber cuál sería el resultado de las negociaciones.

Sin embargo, algo muy extraño ocurrió. ¡Johnny Lingo le pidió a la hija mayor! El padre se sintió muy confundido. Pensó que quizá había entendido mal. ¿Johnny habría querido pedir a la hija más joven? "No", dijo Johnny, "quiero a la mayor". El padre no lo podía creer. ¡Estaba fuera de sí de puro gozo! Su mayor temor era que su hija mayor se quedara soltera, pero ahora el hombre más rico de la isla estaba solicitando verla. Todos sabían que Johnny era tan generoso como rico y comenzaron a especular acerca del precio que podría ofrecer por esta hija. ¡Seguramente pagaría cuando menos el precio base de tres vacas!

¿Puede usted imaginar el impacto producido cuando Johnny Lingo, el mejor negociador de la isla, ofreció 10 vacas por la muchacha menos solicitada? El padre no lo podía creer. Estuvo de acuerdo rápidamente y de inmediato se hicieron los arreglos para la boda, temiendo que Johnny se diera cuenta de lo extravagante de su oferta y se arrepintiera. Johnny no tenía esa intención. Sólo se sonrió, pagó las 10 vacas y anunció que él y su esposa se iban de luna de miel por dos años y que después volverían para establecer su hogar en la isla.

Dos años después, los isleños pusieron un vigilante para que observara el horizonte con el fin de que diera aviso de la llegada de los nuevos esposos. El vigía reconoció a Johnny fácilmente. Todos lo reconocieron, pero no estaban seguros de que la mujer que venía con él fuera la misma que se había ido con él de la isla. Reconocían en ella algunos rasgos familiares, pero era tan increíblemente bella que era difícil creer que era la misma. Caminaba con confianza; era amable y muy segura de sí misma. Cuando los habitantes del pueblo estuvieron alrededor de ellos, advirtieron que la esposa de Johnny había tenido un cambio increíble. Los que se habían reído durante meses por el precio que Johnny había pagado por ella, ahora decían que había hecho una gran compra. Muchos aseguraban que hubieran estado dispuestos a pagar hasta 20 vacas por una mujer tan atractiva.

¿Qué pasó? ¿Qué había cambiado a esta mujer tan poco atractiva en una impresionante, agradable, vital y bella esposa comprada por 10 vacas? Lo mismo que pasa hoy cuando un hombre trata a su esposa como la mujer que él desea que ella sea. Goethe dijo: "Si usted trata a un ser humano como es, permanecerá como es. Si usted lo trata como si fuera más grande de lo que es, llegará a ser de ese tamaño y un mejor ser humano". Lo mismo sucede con cualquier mujer. Esposos: ¿quieren una esposa atractiva? Háganle saber que ella es bella a sus ojos y véanla florecer en la belleza con que Dios la hizo para que así fuera"[5].

ciedad las quiere mostrar así. Los hombres deben someter sus mentes a Dios diariamente. De ese modo, la lujuria nunca tendrá oportunidad de captar sus pensamientos.

6. Quite de su vida cualquier cosa que disminuya a las mujeres.

La pornografía es un ejemplo. No hay lugar en la vida cristiana para nada que reduzca el valor que Dios les dio a las mujeres. Esto también incluye las palabras con doble sentido o chistes acerca de las mujeres.

7. Levántese en contra de cualquier cosa que hiera a las mujeres.

Nunca debemos permitir nada que pueda herir a una mujer o a las mujeres sin hacer el esfuerzo de detenerlo. Los hombres siempre deben estar vigilantes sobre cómo pueden ayudar a las mujeres y asegurarse de que sean tratadas con el mayor respeto.

8. Afirme a las mujeres que están haciendo una diferencia.

Gracias a Dios por esas mujeres que están haciendo un impacto para él en nuestra sociedad. Muchas organizaciones y ministerios en las iglesias no existirían sin esas mujeres. Tome tiempo para escribirles una nota de agradecimiento o dígaselo personalmente.

9. Aprenda de las mujeres.

Ellas tienen mucho que enseñarles a los hombres. Los hombres, por su parte, no deben sentirse mal por ello. En cada fibra de su ser, los hombres y las mujeres son diferentes. Los hombres pueden aprender grandes lecciones para su vida al observar a las mujeres. Un hombre inteligente aprende de ellas.

10. Comience a tratar a su esposa o a su hija con el mayor amor, cuidado y comprensión.

Apreciar a las mujeres empieza por valorar a las mujeres que viven en su casa. Permita que su hogar sea un lugar donde las mujeres sean tratadas mejor que en cualquier otro ámbito.

EL HÁBITO DE
DAR

PASAJE GUÍA

*Porque de tal manera amó Dios al mundo, que ha dado
a su Hijo unigénito, para que todo aquel que en él cree
no se pierda, mas tenga vida eterna.*

Juan 3:16

El hábito de Jesús de dar nos lleva a tomar la decisión de ofrecernos a nosotros mismos, como estilo de vida, junto con nuestro tiempo, dinero y recursos a favor de otros en el nombre de Jesús.

> *Cuando lleguemos al final de la vida, la pregunta será "¿Cuánto has dado?" y no "¿Cuánto tienes?".*
> —*George Sweeting*

Jesús nos mostró cómo dar

Jesús fue dadivoso, no acaparador. Vivió siempre pensando en favor de otros. Cada vez que usted mira a Jesús, lo verá dando a otros. No había una onza de egoísmo en él. Incluso su último acto fue darse a sí mismo en la cruz por nuestros pecados.

Jesús dio vida

Cuando llegó cerca de la puerta de la ciudad, he aquí que llevaban a enterrar un muerto, el único hijo de su madre, la cual era viuda. Bastante gente de la ciudad la acompañaba. Y cuando el Señor la vio, se compadeció de ella y le dijo:
—No llores.
Luego se acercó y tocó el féretro, y los que lo llevaban se detuvieron. Entonces le dijo:

—Joven, a ti te digo: ¡Levántate!

Entonces el que había muerto se sentó y comenzó a hablar.

Y Jesús lo entregó a su madre (Lucas 7:12-15).

Jesús tocó el féretro de un hijo que había muerto y le dio vida.

Jesús dio vista al ciego

En aquella hora Jesús sanó a muchos de enfermedades, de plagas y de espíritus malos; y a muchos ciegos les dio la vista (Lucas 7:21).

Jesús dio poder

Reuniendo a los doce, les dio poder y autoridad sobre todos los demonios y para sanar enfermedades (Lucas 9:1).

Jesús dio comida

Y aconteció que estando sentado con ellos a la mesa, tomó el pan, lo bendijo y les dio (Lucas 24:30).

¡OTROS!

Siempre me ha gustado mucho leer biografías. Leí varias en los primeros días cuando me preparaba para el ministerio. También hoy leo biografías frecuentemente. He leído acerca de la vida de muchos grandes hombres. Uno de mis personajes favoritos en toda la historia es el general Guillermo Booth. El general Booth fue el fundador del conocido Ejército de Salvación. Booth condujo la difusión del evangelio alrededor del mundo organizando reuniones y servicios evangelísticos en las calles.

Con el paso de los años, el general Booth quedó inválido. Su vista también se deterioró y, en cierto año, llegó a estar en tan malas condiciones de salud que no le fue posible asistir a la Convención del Ejército de Salvación en Londres, Inglaterra. Alguien sugirió que el general Booth enviara un telegrama o un mensaje para que fuera leído en la apertura de la Convención. El general Booth estuvo de acuerdo en hacerlo así.

Cuando los miles de delegados se reunieron, el moderador anunció que el general Booth no podía estar presente por causa de sus limitaciones de salud y de su vista. La tristeza y el pesimismo arrasaron a toda la audiencia. Una pequeña luz brilló en medio de las tinieblas cuando el moderador dijo que el general Booth había enviado un mensaje para que fuera leído en la apertura de la primera reunión de la Convención. Tomó el papel en sus manos y comenzó a leer lo siguiente:

"Queridos delegados de la Convención del Ejército de Salvación: ¡OTROS!

Firma, el general Booth"[1].

Jesús dio a sus enemigos

Jesús contestó:

—Es aquel para quien yo mojo el bocado y se lo doy.

Y mojando el bocado, lo tomó y se lo dio a Judas hijo de Simón Iscariote (Juan 13:26).

> **El mar Muerto está muerto porque siempre recibe y nunca da.**
> **—Autor desconocido**

Jesús dio su amor

Este es mi mandamiento: que os améis los unos a los otros, como yo os he amado. Nadie tiene mayor amor que éste, que uno ponga su vida por sus amigos (Juan 15:12, 13).

Jesús dio luz

Jesús les habló otra vez a los fariseos diciendo:

—Yo soy la luz del mundo (Juan 8:12).

Entonces Jesús les dijo:

—Aún por un poco de tiempo está la luz entre vosotros. Andad mientras tenéis la luz, para que no os sorprendan las tinieblas. Porque el que anda en tinieblas no sabe a dónde va (Juan 12:35).

Jesús dio su vida

Porque el Hijo del Hombre tampoco vino para ser servido, sino para servir y dar su vida en rescate por muchos (Marcos 10:45).

Entonces Jesús, gritando a gran voz, dijo:

—¡Padre, en tus manos encomiendo mi espíritu!

Y habiendo dicho esto, expiró (Lucas 23:46).

Jesús le dijo:

—Yo soy la resurrección y la vida. El que cree en mí, aunque muera, vivirá (Juan 11:25).

¿Cuáles son los enemigos del hábito de dar?

1. Egoísmo: "¿Y yo qué?".
2. Codicia: "¿Qué hay para mí?".
3. Actitud: "¿Qué ha hecho alguien alguna vez por mí?".

Fórmese el hábito de dar

1. Escoja ser un *dador y no un acaparador.*

Los que dan son felices; los miserables son miserables. El hábito de dar comienza con la actitud que dice: "Seré un dador; no un acaparador". Si usted ve que otros dan, es porque ellos han decidido hacerlo así.

2. Coloque cada día su egocentrismo en el altar.

> *Usted nunca se parece más a Dios que cuando da.*
> *—Autor desconocido*

Todos tendemos a ser egocéntricos por naturaleza; queremos poseer "lo que es para mí" como una forma de ser. Luchar contra el egocentrismo es una batalla constante que requiere que vayamos continuamente al altar de Dios y nos coloquemos a nosotros mismos en él. Recuerde que cuando usted coloca su ser en el altar, a este le brotan piernas y pies y comienza a gatear fuera del altar. Dedicar nuestro ser a Dios es un ejercicio continuo.

3. Esté siempre pensando distintas maneras en que usted puede dar a los necesitados.

Sea creativo. Pregúntese: "¿Cómo puedo yo ser el instrumento a través del cual la necesidad de alguien puede ser satisfecha?". Invite a otros a dar sus opiniones sobre cómo dar a los necesitados.

4. Tome en cuenta que el motivo de dar es glorificar a Dios, no conseguir algo a cambio.

El único motivo para dar es que Dios pueda ser alabado en el proceso. Cuando vivimos dando, nos asemejamos a nuestro Dios. No espere nada a cambio de haber dado.

LAS PIEDRAS, LAS ESPONJAS Y LOS PANALES

Las personas que dan pueden ser divididas en tres tipos: piedras, esponjas y panales. Algunos dadores son como la piedra: para sacarles algo usted debe golpearlas con un martillo, y aún así, lo único que consigue son pedazos y chispas. Otros, son como una esponja: para conseguir algo usted debe exprimirlas y exprimirlas porque cuanto más se las exprime, más se consigue. Pero otros son como panales: rebozan con su propia dulzura. Así es como Dios nos da a nosotros, y así es como nosotros debemos dar[2].

5. Haga sus donaciones financieras como lo enseña la Biblia.

¿Qué dice la Biblia sobre el modo de dar? Nuestra responsabilidad es dar sistemática y consistentemente a Dios a través de una iglesia local. El monto para comenzar a dar, según la Biblia, es el diezmo, es decir, el 10% de sus ingresos. Llamamos ofrenda al dinero dado aparte de los diezmos.

6. Sea generoso al hacer reconocimientos.

Usted tiene la capacidad y la autoridad de afirmar a quien lo merece. Alguien sugirió que siempre debiéramos estar pensando en personas que hacen lo correcto para reconocerlas. Qué actitud tan distinta a aquella que busca encontrar a quien hace lo incorrecto.

7. Sacrifique algo de su tiempo para grandes causas que ayuden a la gente.

¡Qué importante es ser voluntario! Sin embargo, cada vez hay menos personas ofrecidas desinteresadamente para una tarea humanitaria. Busque un programa de ayuda a la comunidad y dé voluntariamente algo de su tiempo. Es importante no sólo animarnos a hacer alguna donación sino también aprender a darnos a nosotros mismos.

8. Dé su perdón.

Perdonar es dar con sacrificio. Usted está sacrificando sus sentimientos heridos. Perdonar es rendir sus derechos para no devolver mal por mal.

9. Dé todo lo que usted tiene al Señor.

Transfiera sus derechos de propiedad al Señor. Este es un gran cambio. Su dinero, su casa, su automóvil, sus cosas son entregadas

---

**DANDO REGALOS
CON LAS DOS MANOS**

En la cultura coreana las personas dan sus regalos con ambas manos. Lo hacen así para comunicar un importante aspecto de dar: "No estoy quedándome con nada, estoy dándote todo lo que tengo para ofrecerte". Tal filosofía debiera permear toda nuestra práctica de dar tanto a Dios como a otros. Con frecuencia, se enseña a los niños a juntar ambas manos cuando oran. Con la perspectiva coreana en mente, este pequeño gesto podría ser un constante recordatorio de nuestro compromiso de dar a Dios todo lo que tenemos sin reservar para nosotros cosa alguna[3].

a Dios. Cuando vemos a Dios como el gran Dueño, veremos todo desde una nueva perspectiva.

10. Viva con la mirada en "el otro mundo".

Lo que usted da hoy es enviado al cielo. Conforme va dando aquí en la tierra, aumentan sus tesoros en el cielo antes que usted llegue (vea Mateo 6:20). Debemos vivir el hoy recordando que estamos invirtiendo en la eternidad.

> **Es dando que recibimos.**
> **—Francisco de Asís**

EL HÁBITO DE
SER BONDADOSO

PASAJE GUÍA

*Cuando Jesús salió, vio una gran multitud y tuvo compasión de ellos,
porque eran como ovejas que no tenían pastor. Entonces comenzó
a enseñarles muchas cosas.*

Marcos 6:34

El hábito de Jesús de ser bondadoso nos
guía a tomar la decisión de ser sensibles,
comprensivos, amables y compasivos
con cada persona que nos encontramos.

> *Seamos bondadosos
> unos con otros porque
> la mayoría de nosotros
> está peleando
> una dura batalla.*
> **—Dan Maclaren**

Jesús nos mostró cómo ser bondadosos

Jesús fue bondadoso, sensible, comprensivo y compasivo. Él nunca
despreció a nadie ni fue rudo o insensible. Sin embargo, su bondad
estaba acompañada de firmeza. Ser bondadosos no significa permitir que las personas usen o abusen de nosotros. El hábito de Jesús
de ser bondadoso se dirigía casi siempre hacia personas que no podían hacer nada por él.

Jesús fue bondadoso con personas en necesidad

Jesús llamó a sus discípulos y dijo:
—Tengo compasión de la multitud, porque ya hace tres
días que permanecen conmigo y no tienen qué comer. No
quiero despedirlos en ayunas, no sea que se desmayen en
el camino (Mateo 15:32).

Jesús demostró y expresó bondad a todos. Sin importar quién fuera la persona, Jesús demostró su bondad. La bondad cristiana no debe establecer límites por causa de edad, sexo, condiciones sociales, económicas, políticas o religiosas.

Jesús fue movido por su bondad a hacer algo con los problemas de las personas

Entonces Jesús, conmovido dentro de sí, les tocó los ojos; y de inmediato recobraron la vista y le siguieron (Mateo 20:34).

Cuando Jesús salió, vio una gran multitud y tuvo compasión de ellos, porque eran como ovejas que no tenían pastor. Entonces comenzó a enseñarles muchas cosas (Marcos 6:34).

Jesús hizo algo. Su compasión lo condujo a actuar para aliviar la necesidad de los demás.

BONDAD INSENSATA

Todos hemos sentido fastidio por la frase, repetida innumerables veces en los noticieros: "inesperados actos de violencia insensata". La leemos casi a diario en los periódicos y la escuchamos en la televisión. Chuck Wall, profesor de relaciones humanas de la Universidad de Bakersfield, California, se sintió tan disconforme que decidió hacer algo al respecto. Les pidió a sus alumnos que hicieran "algo fuera de lo común para ayudar a alguien que no lo esperara, y que luego escribieran sobre lo que hicieron". Los ensayos incluyeron historias acerca de un estudiante que llevó 30 cobijas a personas que no tienen donde vivir; de una mujer que había estacionado su automóvil a casi un kilómetro de su casa para que otro conductor, que se encontraba emocionalmente muy afectado, pudiera estacionar su automóvil en el lugar que a ella le corresponde frente a su domicilio. Otros contaron acerca de etiquetas para pegar en los automóviles, hechas y vendidas a beneficio de un centro para ciegos. Las etiquetas decían: "Hoy tengo el compromiso de realizar un acto de bondad a favor de alguien que no lo espera. ¿Y usted?". El profesor Wall se sorprendió frente a un nuevo significado del viejo mensaje: "Busquemos la manera de ayudarnos unos a otros a tener más amor y a hacer el bien" (Hebreos 10:24, DHH)[1].

Jesús fue bondadoso con aquellos que
habían experimentado una pérdida

> **Una palabra amable**
> **nunca lastimó**
> **la boca de nadie.**
> **—Proverbio irlandés**

    Y cuando el Señor la vio, se compadeció de ella y le dijo: —No llores (Lucas 7:13).

Una madre fue devastada por la pérdida de su hijo. Jesús detuvo el funeral y le devolvió la vida al hijo muerto.

Alrededor de todos nosotros hay personas que han experimentado alguna pérdida: pérdida de dinero, de trabajo, de su matrimonio, de una persona amada, de su salud o de su fe. La bondad puede llegar a ser un agente sanador. Es maravilloso ver cómo un poco de bondad puede sacar a alguien de su estado de desánimo.

Jesús fue bondadoso aun con personas que lo habían defraudado
    Cuando habían comido, Jesús dijo a Simón Pedro:
—Simón hijo de Jonás, ¿me amas tú más que éstos?
Le dijo:
—Sí, Señor; tú sabes que te amo.
Jesús le dijo:
—Apacienta mis corderos.
Le volvió a decir por segunda vez:
—Simón hijo de Jonás, ¿me amas?
Le contestó:
—Sí, Señor; tú sabes que te amo.
Jesús le dijo:
—Pastorea mis ovejas.
Le dijo por tercera vez:
—Simón hijo de Jonás, ¿me amas?
Pedro se entristeció de que le dijera por tercera vez: "¿Me amas?" Y le dijo:
—Señor, tú conoces todas las cosas. Tú sabes que te amo.
Jesús le dijo:
—Apacienta mis ovejas. De cierto, de cierto te digo que cuando eras más joven, tú te ceñías e ibas a donde querías;

pero cuando seas viejo, extenderás
las manos, y te ceñirá otro y te lleva-
rá a donde no quieras.

> **Bondad: Amor
> en acción.**
> —*Charles Allen*[2]

Esto dijo señalando con qué muerte
Pedro había de glorificar a Dios. Después de haber dicho
esto le dijo:

—Sígueme.

Pedro dio vuelta y vio que les seguía el discípulo a quien
Jesús amaba. Fue el mismo que se recostó sobre su pecho
en la cena y le dijo: "Señor, ¿quién es el que te ha de entre-
gar?". Así que al verlo, Pedro le dijo a Jesús:

—Señor, ¿y qué de éste?

Jesús le dijo:

—Si yo quiero que él quede hasta que yo venga, ¿qué tiene
esto que ver contigo? Tú, sígueme.

Así que el dicho se difundió entre los hermanos de que
aquel discípulo no habría de morir. Pero Jesús no le dijo
que no moriría, sino: "Si yo quiero que él quede hasta que
yo venga, ¿qué tiene que ver eso contigo?".

Este es el discípulo que da testimonio de estas cosas y las
escribió. Y sabemos que su testimonio es verdadero.

Hay también muchas otras cosas que hizo Jesús que, si se
escribieran una por una, pienso que no cabrían ni aun en el
mundo los libros que se habrían de escribir (Juan 21:15-25).

Pedro fue uno de los discípulos que había defraudado a Jesús,
lo negó momentos antes de la crucifixión, pero Jesús le demostró
bondad.

Jesús fue bondadoso con los ingratos

Aconteció que yendo a Jerusalén, pasaba por Samaria y
Galilea. Cuando entró en una aldea, salieron a su encuentro diez hombres leprosos, los cuales se pararon de lejos y
alzaron la voz diciendo:

—¡Jesús, Maestro, ten misericordia de nosotros!

Cuando él los vio, les dijo:

—Id, mostraos a los sacerdotes.

Aconteció que mientras iban, fueron limpiados. Entonces uno de ellos, al ver que había sido sanado, volvió glorificando a Dios en alta voz. Y se postró sobre su rostro a los pies de Jesús, dándole gracias. Y éste era samaritano. Y respondiendo Jesús dijo:

—¿No eran diez los que fueron limpiados? Y los nueve, ¿dónde están? ¿No hubo quién volviese y diese gloria a Dios, sino este extranjero? —Y le dijo—: Levántate, vete; tu fe te ha salvado (Lucas 17:11-19).

Jesús sanó a 10 leprosos, no obstante, sólo uno volvió y le dio gracias.

Jesús fue bondadoso con los pecadores

Jesús recibió a toda clase de pecadores, pero siempre compartió la verdad con ellos. Lo vemos con la mujer que se encontró junto al pozo (Juan 4:7, 8). También vemos su bondad hacia los pecadores en el episodio de la mujer tomada en adulterio.

Entonces los escribas y los fariseos le trajeron una mujer sorprendida en adulterio; y poniéndola en medio, le dijeron:

—Maestro, esta mujer ha sido sorprendida en el mismo acto de adulterio. Ahora bien, en la ley Moisés nos mandó apedrear a las tales. Tú, pues, ¿qué dices?

¡NO DISPARE AL HERIDO!

Una pareja de campesinos del sur de los Estados Unidos de América está cazando entre los árboles cuando de repente uno de ellos se toma el pecho y cae a tierra. Parece que ha dejado de respirar; los ojos se le han puesto blancos. Su compañero toma su celular y llama al 911. Le dice a la operadora: "¡Me parece que Bubba está muerto! ¿Qué debo hacer?". La operadora, con toda calma, le dice: "Tranquilí-cese y siga mis instrucciones. Primero, asegúrese de que su compañero esté muerto". Luego de unos segundos de silencio, se escucha un disparo. La voz del campesino vuelve al teléfono y dice: "Muy bien, ¿y ahora qué?".

A veces, los cristianos somos los únicos que disparamos a nuestros heridos en lugar de restaurar a aquellos que han sido encontrados en una falta[3].

Esto decían para probarle, para tener de qué acusarle. Pero Jesús, inclinado hacia el suelo, escribía en la tierra con el dedo. Pero como insistieron en preguntarle, se enderezó y les dijo:

—El de vosotros que esté sin pecado sea el primero en arrojar la piedra contra ella (Juan 8:3-7).

La misma actitud tuvo para con el ladrón en la cruz, el joven rico y Nicodemo. Todos eran pecadores que recibieron la bondad de Jesús.

> *La bondad constante puede conseguir mucho. Así como el sol hace que el hielo se derrita, la bondad hace que el mal entendimiento, la desconfianza y la hostilidad se evaporen.*
> *—Albert Schweitzer*

¿Cuáles son los enemigos del hábito de ser bondadosos?

1. Egocentrismo: "¿Por qué tengo que ser amable? Nadie se preocupa por ser amable conmigo".
2. Falta de interés: "Ya tengo mis propios problemas".
3. Amargura: "¿Dónde hay algo de bondad para mí?".
4. Actividades: "Estoy demasiado ocupado como para hacer algo por los demás".

Haga de la bondad un hábito

1. Decida ser bondadoso con cada persona que se encuentre.

La bondad es un estado de la mente que puede ser desarrollado. Decida ser amable con cada persona, sin discriminaciones. Haga de esto su objetivo diario.

2. Comprenda que las personas están entrando en una tormenta, están en medio de la tormenta o acaban de salir de una tormenta: todos estamos pasando tiempos difíciles.

Conceda a otros el beneficio de la duda. Ore por aquellos con quienes usted no ha sido amable. Usted no sabe lo que las personas están pasando. No lo tome como algo personal.

3. Sonría: esto anima a las personas.

Cualquiera puede sonreír. Una sonrisa es contagiosa. Da a las personas un impulso inmediato. Ayuda a cambiar de actitud no sólo a quien ve la sonrisa, sino también a quien la da.

4. Sea especialmente bondadoso con alguien por lo menos una vez a la semana.

Encuentre maneras de hacer cosas que muestren su bondad hacia alguien. Haga una lista de personas a quienes usted desea hacer el bien según se presente la oportunidad.

5. Escriba una nota de ánimo a las personas que fueron significativas para usted en el pasado.

Esto le ayudará a usted y las animará a ellas. Una palabra amable

---

ALGUIEN SIEMPRE ESTÁ MIRANDO

Una mujer va guiando su auto. Al llegar al semáforo, cuya luz está en rojo, se para detrás de otro automóvil. Mientras espera el cambio de la luz, observa que el conductor del otro vehículo está hablando por su teléfono celular y busca algunos papeles en el asiento. El semáforo enciende la luz verde, pero el hombre no se da cuenta de que la luz ha cambiado. La mujer comienza a inquietarse, agarrando con fuerza el volante y gritándole al hombre para que se mueva. ¡El hombre no se mueve! La mujer se exalta más y sigue gritando y golpeando el tablero y el volante de su vehículo. El semáforo enciende la luz amarilla. La mujer comienza a tocar la bocina, baja la ventanilla y le grita al hombre algunas groserías. El hombre, al darse cuenta de lo que está pasando, ve la luz amarilla y acelera para pasar antes de que la luz cambie de nuevo. La mujer se queda frustrada, maldiciendo en voz baja porque la detiene la luz roja. De repente, escucha unos golpes sobre el techo de su automóvil y observa que un policía le apunta con una pistola. El policía le pide que apague el motor y se baje del vehículo, manteniendo sus dos manos a la vista. Al salir, el policía le dice que ponga las manos sobre el techo del auto. Luego se las coloca en la espalda y le pone las esposas. El policía la introduce en el asiento trasero del patrullero y la conduce a la comisaría. Allí registran sus huellas digitales, le toman una fotografía, es investigada y finalmente puesta en un calabozo.

Después de un par de horas, un policía viene para ponerla en libertad. Al llegar al escritorio, le devuelven sus efectos personales y su cartera. El policía que la arrestó le dice: "Perdone por este error. Espero que comprenda. Cuando usted tocaba la bocina y profería groserías contra el hombre que estaba delante, yo estaba parado detrás de su automóvil. Me fijé que en el vidrio había unas etiquetas que decían *Dios nos ama a todos* y *Sígueme a la Escuela Dominical*. También vi el emblema plateado del pez que identifica a los cristianos pegado en la parte de atrás del automóvil, así que pensé que quizá el automóvil había sido robado y la detuve porque quise verificar".

puede hacer una gran diferencia en su
vida. Todos tenemos una deuda impa-
gable con nuestro bondadoso Dios por
todo lo que nos ha dado.

> *Las palabras amables*
> *pueden ser breves*
> *y fáciles de decir,*
> *pero su eco*
> *nunca termina.*
> *—Madre Teresa de*
> *Calcuta*

**6. *Tome la iniciativa de hablar con las
personas.***

No espere que la gente venga a hablar
con usted. Tome la iniciativa. Aun si usted es tímido, puede
aprender a hacerlo. Una vez que se anime a tomar la iniciativa, se
le hará más fácil.

**7. *Tómese tiempo para escuchar a las personas que han sido
heridas.***

La bondad toma el tiempo para preocuparse, preguntar y escuchar lo que le está pasando a la otra persona. Brindar nuestra atención a alguien puede constituir el mayor acto de bondad hacia esa
persona.

8. *Nunca sea bondadoso esperando recibir algo a cambio.*

El gozo se encuentra al actuar con bondad, no en el elogio por haberlo hecho. Esperar algo a cambio por haber sido bondadoso es
perder la bendición que viene con la bondad. La bondad es algo
que se da; no algo que se recibe.

9. *Sea amigable con alguien a quien el mundo ha abandonado.*

Los hay donde quiera: personas a quienes el mundo ha ignorado,
descuidado o abandonado. Su bondad hacia esas personas puede
ser el catalizador que les devuelva la vida. Hay poder en la bondad
para quebrar el proceso del descuido.

10. *Si usted no ha sido bondadoso, pida disculpas.*

Todos podemos recordar cuando no fuimos amables con alguien.
Tráguese su orgullo, busque a esa persona y con humildad dígale:
"Por favor, perdóname". Permita que la persona comprenda que
Jesús, quien vive en usted, no toleraría eso en su vida.

EL HÁBITO DE
MANTENERSE FÍSICAMENTE BIEN

PASAJE GUÍA

Y Jesús crecía en sabiduría, en estatura
y en gracia para con Dios y los hombres.

Lucas 2:52

El hábito de Jesús de mantenerse físicamente bien implica el tomar la decisión de cuidar su cuerpo por medio de la combinación de una dieta saludable y el ejercicio regular.

Jesús nos mostró cómo mantenerse físicamente bien

Jesús se mantuvo físicamente bien. Él cuidó su cuerpo.

Y Jesús crecía en sabiduría, en estatura y en gracia para con Dios y los hombres (Lucas 2:52).

La palabra *estatura* significa que, como niño, Jesús creció físicamente. Sin embargo, al analizar su estilo de vida logramos una comprensión mucho más completa de su condición física.

En un estudio hecho por la Clínica Mayo acerca de la vida de Jesús antes de ser severamente golpeado y crucificado,

El bienestar físico no es sólo una de las claves más importantes para tener un cuerpo saludable: es la base de una actividad dinámica e intelectualmente creativa. La relación entre lo saludable del cuerpo y las actividades de la mente es sutil y compleja. Aún no se logra entenderlo todo. Pero sí sabemos lo que los griegos sabían: que la inteligencia y la habilidad sólo pueden funcionar en su más alto nivel cuando el cuerpo es saludable y fuerte. El ánimo robusto y las mentes fuertes generalmente habitan en cuerpos sanos.
—John F. Kennedy

se concluye lo siguiente: "Los rigores del ministerio de Jesucristo (por ejemplo, viajar a pie a través de Palestina) lo ayudaron a prevenir muchas enfermedades físicas y a librarse de una constitución débil. Por lo tanto, es razonable presumir que Jesús estaba en buena condición física antes de su viaje a Getsemaní"[1].

Jesús fue Dios, pero era Dios hecho carne; Dios en un cuerpo. Para estar en condiciones de llevar a cabo todo lo que el Padre deseaba que hiciera, tenía que haber cuidado su cuerpo.

¿Cuáles son los enemigos del hábito de estar físicamente bien?

1. Horarios: "No tengo suficiente tiempo".

2. Falta de disposición: "Estoy muy cansado".

3. Excusas: "No soy un atleta".

4. Postergaciones: "Lo haré uno de estos días".

¡JESÚS CAMINÓ UNA DISTANCIA QUE EQUIVALE CASI A DAR LA VUELTA AL MUNDO!

El total de kilómetros que Jesús caminó durante sus 33 años en la tierra mientras viajaba:

- 644 kilómetros: Jesús caminó desde Egipto a Nazaret.
- 28.962 kilómetros: Jesús caminó de Nazaret a Jerusalén, y de Jerusalén a Nazaret antes de los 30 años edad.
- 5.028 kilómetros: Jesús caminó durante su ministerio público de tres años.

El total de kilómetros que Jesús caminó en sus viajes fue 34.634 kilómetros. (Un promedio de 32 kilómetros por día! ¡Esto significaría que, durante su vida, Jesús pasó por lo menos 1.076 días y noches de viaje, lo que equivale a un total de dos años más 346 días de viaje! A la edad de 33 años ya había caminado todos esos kilómetros. El mundo mide en la línea ecuatorial 40.067 kilómetros, lo que significa que ¡Jesús caminó casi esa distancia! Viendo el kilometraje y sabiendo que caminó mucho más de lo que se registró, personalmente creo que caminó la distancia que hay alrededor del mundo que él mismo creó con el Padre y el Espíritu Santo. "En el principio era el Verbo, y el Verbo era con Dios, y el Verbo era Dios. Él era en el principio con Dios. Todas las cosas fueron hechas por medio de él, y sin él no fue hecho nada de lo que ha sido hecho. En él estaba la vida, y la vida era la luz de los hombres" (Juan 1:1-4)[2].

EL EJERCICIO VIGOROSO CONDUCE A UN POSITIVO CAMBIO DE ACTITUD

Un estudio que colocó a 60 hombres de edad media bajo un programa de ejercicio vigoroso, reveló un cambio positivo de actitud en los participantes. "Las calificaciones de personalidad de los hombres que al comienzo estaban en la peor condición, mostraron el nivel más alto de mejoría... Las calificaciones subieron en los exámenes de personalidad que medían la estabilidad emocional, imaginación, confianza en sí mismos, autosuficiencia[3].

Fórmese el hábito de estar físicamente bien

1. Haga una promesa al Señor de hacer lo mejor que pueda para cuidar su cuerpo.

Usted tiene la responsabilidad de mantener su cuerpo de tal manera que funcione como el Señor lo creó. Haga todo lo que pueda para asegurar un cuerpo sano. Pida a Dios que le ayude con esto cada día.

2. Tome en cuenta que, como cristiano, su cuerpo no es de su propiedad: pertenece a Jesucristo.

Usted cede todos sus derechos sobre su cuerpo. Decide no hacer lo que quiera con él. Todo lo que haga con su cuerpo debe reflejar que este es propiedad de Dios. Sólo somos administradores de la propiedad de Dios.

3. Encuentre cuál es su peso ideal y comience hoy un plan para lograrlo.

Puede ser una experiencia dolorosa, pero es necesario saber cuál es el peso que debe tener. Usted no podrá llegar a ese peso de la noche a la mañana, pero tener una meta ayuda a comenzar. Cuente con una meta, una meta escrita.

4. Programe tiempo para hacer ejercicio tres veces a la semana.

Podría incluir caminar, correr, nadar o cualquier ejercicio cardiovascular. La clave es ser constante. Sin disciplina, no verá resultados. Decida qué va a hacer y hágalo ya.

5. Comience desde ya cuidando lo que come.

Sea sensato. Conozca cuáles son las comidas que son buenas para el corazón. Limite las comidas que no son sanas ni saludables (las llamadas comidas rápidas).

**SALUD FÍSICA,
UN RESULTADO NATURAL**

Pocos textos bíblicos delinean específicamente los beneficios y los requisitos para el bienestar físico. Posiblemente se debe a que el bienestar físico era un resultado natural del estilo de vida en los tiempos de Jesús. Los viajes se hacían a pie o montando un animal. Los discípulos de Jesús eran pescadores, y su propio oficio era el de carpintería. ¿Quién cortaba los árboles que se necesitaban para el trabajo manual de Jesús? ¿Cómo se subían las redes, repletas de peces a los botes?

El trabajo que demandaban estas tareas era totalmente manual [4].

6. Escoja a una persona a quien le rinda cuentas acerca de su bienestar físico.

Esto ha sido la fortaleza de los grupos como "Gordos anónimos": cuente con alguien a quien le pueda rendir cuentas. Permítale a esa persona hacerle preguntas difíciles acerca de su bienestar físico.

7. Evite las dietas que están de moda.

Controle su peso a través de un estilo de vida y no a través de métodos rápidos. Los métodos rápidos pueden funcionar inmediatamente, pero no son una solución a largo plazo. El bienestar físico debe llegar a ser un estilo de vida, no un sufrimiento a corto plazo. Si no se forja un hábito en las comidas, el peso volverá a descontrolarse.

8. No se fíe de los anuncios que parecen ser demasiado buenos como para creer en ellos.

No funcionan, usted no perderá cinco kilos en una semana. No habrá bienestar físico sin sacrificio. No hay una manera fácil de obtener bienestar físico, y cualquiera que afirme tal cosa sólo trata de vender algún programa.

9. No se preocupe demasiado por su cuerpo.

El cuerpo no debe tomar prioridad sobre el alma. El cuerpo es importante, pero obsesionarse con él es poner la atención en lo que

CUÍDESE

Mickey Mantle nunca pensó que viviría más allá de los 40 años. Tanto su padre como su abuelo habían muerto a esa edad. Lamentablemente, Mantle abusó de su cuerpo usando el alcohol durante 43 años. Reflexionando, a la edad de 62 años, Mantle dijo: "Si hubiera sabido que viviría tantos años, me hubiera cuidado mejor". Ahora es el momento de comenzar a cuidarse mejor [5].

no es eterno. El cuerpo envejece y eventualmente morirá. Sin embargo, nuestra alma vivirá para siempre.

10. *Haga de su cuerpo lo mejor que pueda, pero acepte el cuerpo que Dios le ha dado.*

Es difícil hacerlo, pero deje de comparar su cuerpo con el de otros. No se haga ilusiones irreales con lo que lee en las revistas, lo que ve en las carteleras o en la televisión. Acepte el cuerpo que Dios le dio y haga todo lo posible por hacer con él lo que Dios desea.

ORACIÓN DE UNA PERSONA QUE ESTÁ A DIETA*

Señor, dame la fuerza para no caer en las garras del colesterol.

De las grasas, jamás me quejaré, pues el camino al infierno está pavimentado con mantequilla.

Y ese pastel está prohibido y la crema que tiene encima es terrible

y Satanás está escondido en cada panqueque.

Beelzebul es una gota de chocolate y Lucifer es una paleta de dulce.

Enséñame los males de la crema holandesa,

de la pasta y de la mayonesa.

Y del pollo frito crujiente y sabroso.

Señor, si me amas, ciérrame la boca⁶.

* Nota del editor: Esto responde a un problema entre los estadounidenses, en donde se dice que el sobrepeso es uno de los mayores problemas de salud de la población. Este mal al parecer también se está esparciendo por algunos de los países latinoamericanos.

EL HÁBITO DE
CUMPLIR CON LA PALABRA DADA

PASAJE GUÍA

Pero sea vuestro hablar, "sí", "sí", y "no", "no". Porque lo que va más allá de esto, procede del mal.

Mateo 5:37

El hábito de Jesús de cumplir con la palabra dada significa tomar la firme decisión de hacer lo que se dice; el cumplir siempre con las promesas que uno hace.

> *Las promesas pueden conseguir amigos, pero es su cumplimiento lo que los mantiene.*
> *—Owen Feltham*

Jesús nos mostró cómo cumplir con la palabra dada

Jesús siempre hizo lo que dijo que haría. No encontramos ni una sola ocasión en las Escrituras en las que él haya prometido algo que luego no cumpliera. Su conducta fue perfecta. Lo que dijo y lo que hizo son como dos lados de una misma moneda. Esta conducta se denomina *integridad*. Consistencia en la palabra y la acción: este es uno de los más grandes ejemplos que Jesús nos da. ¡Anímese, él sigue cumpliendo con su palabra!

Jesús le dijo al centurión que su siervo había sido sanado

Cuando Jesús entró en Capernaúm, vino a él un centurión y le rogó diciendo:

—Señor, mi criado está postrado en casa, paralítico, y sufre terribles dolores.

Y le dijo:

—Yo iré y le sanaré...

Entonces Jesús dijo al centurión:

—Ve, y como creíste te sea hecho.

Y su criado fue sanado en aquella hora (Mateo 8:5-7, 13).

Cuando el centurión llegó a su casa, Jesús ya había cumplido con su palabra y el siervo del hombre estaba sano.

Jesús le permitió a María que derramara el perfume sobre él, y luego hizo una afirmación acerca del futuro que él sigue cumpliendo

Ella ha hecho lo que podía, porque se ha anticipado a ungir mi cuerpo para la sepultura. De cierto os digo que dondequiera que sea predicado este evangelio en todo el mundo, también lo que ésta ha hecho será contado para memoria de ella (Marcos 14:8, 9).

Y nosotros hoy estamos hablando de lo que ella hizo.

CUMPLIENDO PROMESAS

El escritor y orador Lewis Smedes dice: "Sí, de alguna manera, las personas hacen y cumplen promesas. En general, no salen corriendo cuando las cosas van mal porque han hecho una promesa. Son fieles a causas perdidas. Mantienen un firme amor creciente. Están con la gente que siente dolor. Recuerdan sus promesas hasta que las han cumplido. Supongo que si usted es responsable de un barco, no lo abandona. Si usted tiene personas bajo su responsabilidad, no las abandona; si lucha por una causa, no la abandona; porque así, usted es como Dios.

¡Qué maravillosa es una promesa! Cuando una persona hace una promesa, toca el futuro impredecible y hace que algo sea predecible. Esa persona estará allí aunque le cueste más de lo que le gustaría pagar. Cuando una persona hace una promesa, se extiende a sí misma más allá de circunstancias que nadie puede controlar, pero sí controla una cosa: estará allí, no importa cuáles sean las circunstancias. Con una simple promesa, una persona crea una isla de seguridad en un mar de incertidumbre.

Cuando una persona hace una promesa, establece una demanda sobre su libertad personal y su poder. Cuando usted hace una promesa, pone una mano para crear su propio futuro[1].

Jesús le dijo a Marta que Lázaro resucitaría

Jesús le dijo:

—Yo soy la resurrección y la vida. El que cree en mí, aunque muera, vivirá. Y todo aquel que vive y cree en mí no morirá para siempre. ¿Crees esto?

Jesús dijo:

—Quitad la piedra.

Marta, la hermana del que había muerto, le dijo:

—Señor, hiede ya, porque tiene cuatro días.

Jesús le dijo:

—¿No te dije que si crees verás la gloria de Dios?

Luego quitaron la piedra, y Jesús alzó los ojos arriba y dijo:

—Padre, te doy gracias porque me oíste. Yo sabía que siempre me oyes; pero lo dije por causa de la gente que está alrededor, para que crean que tú me has enviado.

Habiendo dicho esto, llamó a gran voz:

—¡Lázaro, ven fuera!

Y el que había estado muerto salió, atados los pies y las manos con vendas y su cara envuelta en un sudario. Jesús les dijo:

—Desatadle y dejadle ir (Juan 11:25, 26, 39-44).

Jesús sacó vivo a Lázaro de la tumba.

Jesús anunció que él era la resurrección

Respondió Jesús y les dijo:

—Destruid este templo, y en tres días lo levantaré.

Por esto, cuando fue resucitado de entre los muertos, sus discípulos se acordaron de que había dicho esto y creyeron la Escritura y las palabras que Jesús había dicho (Juan 2:19, 22).

Jesús le dijo:

—Yo soy la resurrección y la vida. El que cree en mí, aunque muera, vivirá (Juan 11:25).

No está aquí, porque ha resucitado, así como dijo. Venid, ved el lugar donde estaba puesto (Mateo 28:6).

Jesús cumplió su palabra: se levantó de la muerte.

¿Cuáles son los enemigos del hábito de cumplir con la palabra dada?

1. Dejar para más tarde: "Lo haré, pero más adelante".
2. Egoísmo: "Cuando hice esa promesa no estaba tan ocupado".
3. Conveniencia: "No era consciente de lo que estaba prometiendo. Hay demasiados problemas".
4. Circunstancias: "Las cosas han cambiado".

Fórmese el hábito de cumplir su palabra

1. Recuerde lo que usted les dijo a las personas que haría por ellas.

Escríbalo. No dependa de su memoria. Usted fácilmente puede olvidarlo. Cumpla lo que prometió tan pronto como le sea posible.

2. Si promete algo, aun cuando sus circunstancias hayan cambiado, cumpla lo que prometió.

Su integridad está a la vista, y junto con su integridad, la reputación de Cristo. La palabra empeñada es una obligación, independientemente de lo que ocurra después.

> Samuel Goldwyn dijo: "Un acuerdo verbal o escrito no cumplido no vale ni el papel en el cual está escrito". Ninguna promesa verbal o escrita tiene valor sino en relación con la integridad de la persona que hizo la promesa. Alguien recuerda las épocas cuando "la palabra de un hombre equivalía a su obligación". Si nosotros hacemos promesas, debemos cumplirlas. Dios lo hace.
> —Robert C. Shannon[2]

3. Si usted no ha cumplido con su palabra, pida disculpas.

No dé excusas. No trate de justificar su falta. Admita que usted se confundió y pida perdón. Decida no volver a caer en una situación semejante.

4. Si no está seguro de que puede hacerlo, no se comprometa.

Es mejor decir "no" y luego hacer algo, que decir "sí" y luego no hacerlo. Calcule el costo de sus promesas por anticipado. Calcule la responsabilidad que está adquiriendo. Haga preguntas específicas. Después de que tenga la información necesaria, dé su respuesta. Si necesita tiempo para pensar y orar acerca del asunto, dígalo; sólo asegúrese de que no se trate de un recurso suyo para posponer una decisión.

5. *No le diga a una persona una cosa y a otra algo diferente.*

Esta inconsistencia saldrá algúwn momento a la luz, siempre sucede así; y cuando eso ocurre, su credibilidad queda inevitablemente dañada. Usted se ganará la reputación de persona poco confiable. Sin confianza no hay impacto para Dios.

6. *Trabaje diligentemente para asegurar que sus palabras y sus acciones son consistentes.*

Jesús tuvo mucho que decir acerca de la inconsistencia entre las palabras y los hechos. Él la llamó hipocresía. Nada daña más la reputación de una persona que cuando dice una cosa y hace otra. Sin duda, esto ha hecho más daño al evangelio que cualquier otro enemigo.

7. *Cuando dé su palabra, pídale a Dios fortaleza para cumplirla.*

Comprométase con Dios inmediatamente y pídale su poder para hacer lo que ha dicho. Él le dará la fuerza necesaria para cumplir con su palabra. Confíe en él.

MICHAEL JORDAN
CUMPLIÓ SU PALABRA

En su libro *Lessons from a Father to His Sons*, el senador John Ashcroft escribe: "Hasta 1997, Michael Jordan, considerado la máxima estrella de la NBA por más de una década, nunca había llegado a ser el jugador mejor pagado. Cuando le preguntaron porque no hacía lo mismo que muchos otros jugadores, que no cumplían sus contratos hasta que recibieran más dinero, Jordan respondió: 'Yo siempre he honrado mi palabra. Yo deseo seguridad. Tengo un contrato por seis años y siempre lo he honrado. La gente dice que se me ha pagado menos, pero cuando yo firmé en la línea punteada del contrato, di mi palabra'".

Tres años más tarde, después de que varios valiosos jugadores violaron sus contratos, un periodista le preguntó a Michael Jordan una vez más acerca del tema. Jordan explicó que si sus hijos lo vieran quebrantando una promesa, ¿cómo podría continuar entrenándolos para que aprendieran a cumplir con su palabra? Y agregó: "Usted podrá mirar de frente a todos si cumple su palabra, aun cuando ella vaya en contra suya". Su silencio llegó a ser un rugido[3].

8. No diga "sí" demasiado rápido sólo para que las personas lo dejen tranquilo en ese momento.

Decir "sí" puede sonar bien en el momento, sin embargo, mida las consecuencias antes de hacerlo. Con frecuencia, expresiones como "Así lo haré", "con mucho gusto" o "cuenten conmigo" pueden hacerlo quedar bien, pero llegará el momento cuando los demás esperen que usted cumpla con su palabra.

9. Recuerde: cumplir su palabra define su carácter.

Usted será juzgado por la manera en la cual hace lo que dice. Usted es y será conocido por la forma en que cumple con su palabra. Jesús mismo será juzgado por el mundo de acuerdo con la manera en que usted cumple con sus promesas.

10. Sobre todo, cumpla su palabra con Dios.

Cuando usted le dice a Dios que hará algo, ¡hágalo! No cumplir con las promesas que le hace a Dios es cosa seria. Si usted ha fracasado en cumplir su palabra con Dios, confiéselo inmediatamente y cumpla con lo que le prometió.

EL HÁBITO DE
TENER COMPAÑERISMO

PASAJE GUÍA

*Seis días antes de la Pascua, llegó Jesús a Betania,
donde estaba Lázaro, a quien Jesús resucitó de entre los muertos.
Le hicieron allí una cena. Marta servía, y Lázaro era uno de los que
estaban sentados a la mesa con él.
Entonces María, habiendo traído una libra de perfume de nardo puro
de mucho valor, ungió los pies de Jesús y los limpió con sus cabellos.
Y la casa se llenó con el olor del perfume.*

Juan 12:1-3

El hábito de Jesús de tener compañerismo nos guía a tomar la decisión de invertir tiempo regularmente para compartir con otros cristianos, con el propósito de regocijarse juntos.

> *Los cristianos no son "llaneros solitarios".*
> —Chuck Colson

Jesús nos mostró cómo tener compañerismo

Jesús se regocijaba al estar con la gente. En las Escrituras, frecuentemente lo encontramos disfrutando de la compañía de amigos y familiares. Se sentía cómodo comiendo en sus hogares. Aun cuando sólo era un invitado, Jesús llegó a ser el anfitrión, sirviendo a otros. Los cristianos necesitan tiempo para estar juntos y compartir sus vínculos en Cristo.

Jesús se regocijó al estar con la gente

Sucedió que, estando Jesús sentado a la mesa en casa, he aquí muchos publicanos y pecadores que habían venido estaban sentados a la mesa con Jesús y sus discípulos (Mateo 9:10).

Al entrar en casa, Jesús le habló primero diciendo:

—¿Qué te parece, Simón? Los reyes de la tierra, ¿de quiénes cobran los tributos o los impuestos? ¿De sus hijos o de otros? (Mateo 17:25).

En seguida, cuando salieron de la sinagoga, fueron con Jacobo y Juan a la casa de Simón y Andrés (Marcos 1:29).

Estando él en Betania sentado a la mesa en casa de Simón el leproso, vino una mujer que tenía un frasco de alabastro con perfume de nardo puro de gran precio. Y quebrando el frasco de alabastro, lo derramó sobre la cabeza de Jesús (Marcos 14:3).

Cuando Jesús llegó a aquel lugar, alzando la vista le vio y le dijo:

—Zaqueo, date prisa, desciende; porque hoy es necesario que me quede en tu casa (Lucas 19:5).

Jesús amaba estar en el hogar de las personas disfrutando de su compañía.

Jesús se regocijó comiendo con la gente

Mientras ellos comían, Jesús tomó pan y lo bendijo; lo partió y lo dio a sus discípulos, y dijo:

—Tomad; comed. Esto es mi cuerpo.

Tomando la copa, y habiendo dado gracias, les dio diciendo:

—Bebed de ella todos (Mateo 26:26, 27).

Dos veces Jesús tuvo una comida festiva.

Después de esto fue Jesús a la otra orilla del mar de Galilea, o sea de Tiberias, y le seguía una gran multitud, porque veían las señales que hacía en los enfermos. Jesús subió a un monte y se sentó allí con sus discípulos. Estaba cerca la Pascua, la fiesta de los judíos.

Cuando Jesús alzó los ojos y vio que se le acercaba una gran multitud, dijo a Felipe:

—¿De dónde compraremos pan para que coman éstos?

Pero decía esto para probarle, porque Jesús sabía lo que iba a hacer.
Felipe le respondió:

> **La Biblia no menciona nada acerca de una religión solitaria.**
> —*John Wesley*

—Doscientos denarios de pan no
bastan, para que cada uno de ellos reciba un poco.

Uno de sus discípulos, Andrés, el hermano de Simón Pedro, le dijo:

—Aquí hay un muchacho que tiene cinco panes de cebada
y dos pescaditos. Pero, ¿qué es esto para tantos?

Entonces Jesús dijo:

—Haced recostar a la gente.

Había mucha hierba en aquel lugar. Se recostaron, pues,
como cinco mil hombres. Entonces Jesús tomó los panes, y
habiendo dado gracias, los repartió entre los que estaban re-
costados. De igual manera repartió de los pescados, cuanto
querían. Cuando fueron saciados, dijo a sus discípulos:

—Recoged los pedazos que han quedado, para que no se
pierda nada.

Recogieron, pues, y llenaron doce canastas de pedazos de
los cinco panes de cebada que sobraron a los que habían
comido (Juan 6:1-13).

Jesús llamó a sus discípulos y dijo:

—Tengo compasión de la multitud, porque ya hace tres
días que permanecen conmigo y no tienen qué comer. No
quiero despedirlos en ayunas, no sea que se desmayen en
el camino.

Entonces sus discípulos le dijeron:

—¿De dónde conseguiremos nosotros tantos panes en un
lugar desierto, como para saciar a una multitud tan
grande?

Jesús les dijo:

—¿Cuántos panes tenéis?

Ellos dijeron:

—Siete, y unos pocos pescaditos.

Entonces él mandó a la multitud que se recostase sobre la

tierra. Tomó los siete panes y los pescaditos, y habiendo dado gracias los partió e iba dando a los discípulos, y los discípulos a las multitudes. Todos comieron y se saciaron, y recogieron siete cestas llenas de lo que sobró de los pedazos. Los que comían eran cuatro mil hombres, sin contar las mujeres y los niños. Entonces, una vez despedida la gente, subió en la barca y se fue a las regiones de Magdala (Mateo 15:32-39).

> *Usted necesita tener compañerismo con una iglesia... Si usted separa de la fogata un carbón encendido, este pronto se apagará. En cambio, si coloca un carbón encendido con otros carbones encendidos, todos brillarán durante muchas horas.*
> *—Billy Graham, en El mundo en llamas.*

Usted puede ver a Jesús usando frecuentemente la comida como un motivo de compañerismo. Hay algo en el hecho de compartir la comida que construye un sentimiento de comunidad.

Jesús celebró en compañerismo después de su resurrección

Jesús les dijo:

—Venid, comed.

Ninguno de los discípulos osaba preguntarle: "Tú, ¿quién eres?", pues sabían que era el Señor. Vino, entonces, Jesús y tomó el pan y les dio; y también hizo lo mismo con el pescado. Esta era ya la tercera vez que Jesús se manifestaba a sus discípulos después de haber resucitado de entre los muertos (Juan 21:12-14).

Después de su resurrección, Jesús deseaba tener compañerismo con aquellos que habían sido sus seres más allegados.

¿Cuáles son los enemigos del hábito de tener compañerismo?

1. Ocupaciones: "Sencillamente, no tengo tiempo".
2. Falta de perdón: "No deseo estar con esa gente".
3. Relaciones rotas: "No confío en la gente".
4. Celos: "Ellos tienen más que yo".

SAGRADO ES EL AMOR

John Fawcet se convirtió al cristianismo cuando era adolescente al escuchar a George Whitefield. Se unió a la iglesia bautista y fue ordenado pastor el 31 de julio de 1765. Fawcet comenzó trabajando en una pobre iglesia en Wainsgate y sacó tiempo de entre sus tareas para escribir. Sus escritos se difundieron muy rápidamente y la pequeña iglesia temió que, si Fawcet era invitado a trabajar en una iglesia más grande, iban a perder a su pastor. Fawcet se preguntaba lo mismo. En su diario personal, expresó que lamentaba que su familia estuviera creciendo más rápido que sus ingresos.

Un día recibió el llamado de una famosa iglesia de Londres, en el barrio Lane. "¡Piensa en esto!", le dijo Fawcet a su esposa. "¡Ellos nos quieren en Londres para que tomemos el lugar del finado doctor Gill en esa gran iglesia! ¡Es casi increíble!". El siguiente domingo, Fawcet compartió la noticia con su pobre iglesia y comenzó a empacar. Libros, enseres, cuadros y muebles fueron embalados para el viaje a la ciudad más grande del mundo. Cuando llegó el día de la partida, los miembros de la iglesia se reunieron y valientemente trataron de retener sus lágrimas. Ya se había cargado todo el equipaje, excepto una caja, y Fawcet entró en la casa para recogerla. Entonces encontró a su esposa profundamente emocionada.

—John —le dijo con la voz entrecortada—, ¿crees que estamos haciendo lo correcto? ¿Encontraremos en otra parte una congregación que nos ame y nos ayude a hacer la obra del Señor como esta que estamos dejando?

—¿Piensas que hemos sido muy precipitados en esto? —preguntó su esposo.

—Sí —respondió ella—, pienso que debemos quedarnos aquí y servir a estas personas.

John se quedó en silencio por un momento, su corazón también estaba quebrantado. Él asintió con la cabeza:

—Yo estaba muy feliz cuando ellos me llamaron, y realmente nunca oré acerca de esta decisión como un ministro debe hacerlo.

Caminaron hacia el portal de la casa, llamaron a la gente para que se congregara alrededor de ellos, les anunciaron el cambio que habían tenido en su corazón y, en medio de lágrimas de gozo, descargaron los carruajes. Los Fawcet se quedaron en Wainsgate el resto de su vida. Pero no en la oscuridad. Después de esta experiencia, escribió el mundialmente conocido himno Sagrado es el amor[1]:

Sagrado es el amor
que nos ha unido aquí,
a los que oímos del Señor
la fiel palabra, sí.
A nuestro Padre Dios,
rogamos con fervor,
alúmbrenos la misma luz,
nos una el mismo amor[2].

Haga del compañerismo un hábito

1. Comprenda que usted está vinculado con cada persona cristiana del planeta.

Cada cristiano tiene el mismo Padre. Estamos relacionados unos con otros. Formamos el cuerpo de Cristo. Esa es la razón por la cual podemos encontrarnos con alguien por primera vez en un lugar lejano y sentir que ya nos conocemos. Esto es así porque estamos relacionados por medio de Cristo.

2. Reconozca que usted necesita de otras personas.

Con frecuencia, el orgullo no nos permite admitir lo que sabemos que está dentro de nosotros: necesitamos a otra persona. Ningún cristiano debe intentar ser un "llanero solitario", pretendiendo vivir sin el ánimo y la ayuda de otros cristianos.

> *Usted debe saber que la única cosa que extraño es el compañerismo que teníamos con los muchachos en la taberna. Nos sentábamos en círculo, reíamos y nos tomábamos un jarro de cerveza; contábamos historias hasta que nos cansábamos. No puedo encontrar esa clase de compañerismo entre los cristianos.*
> *—Un recién convertido al cristianismo.*

3. Reúnase con otros cristianos por lo menos una vez por semana.

Esto no es un lujo; es indispensable que cada cristiano, regularmente, se reúna con otros cristianos para tener compañerismo. Hay una variedad de maneras en que pueden hacerlo: la Escuela Bíblica Dominical, grupos pequeños o reuniones en hogares.

4. Desarrolle el arte de ser un buen oyente.

Uno de los ingredientes del compañerismo positivo es el arte de prestar atención a las personas y tener genuino interés en escucharlas. Escuchar promueve un maravilloso compañerismo.

5. Comparta una comida con otros por lo menos una vez al mes.

Reúnase en la casa de alguien. Salgan juntos para una comida informal. Mientras comen puede desarrollarse una excelente conversación. La comida provee una oportunidad de conocer mejor a otras personas. En una situación de amistad tenemos la tendencia a bajar nuestras defensas y eso permite que otras personas nos conozcan como realmente somos.

6. Anime a sus hijos a traer a sus amigos a su casa.

Haga que su hogar sea un lugar amigable para los amigos de sus hijos pequeños y para los adolescentes. Abra su hogar a los amigos de sus hijos. Usted se hará un favor a sí mismo y les hará un favor a ellos también.

7. Pida a Dios que le permita conocer a personas que sean compatibles con usted.

Dios honra sus oraciones cuando usted lo consulta sinceramente sobre este asunto. Confíe en él para que ocurran esos encuentros divinos en su vida. Esté a la expectativa; la respuesta puede venir de personas o lugares inesperados.

8. Asista regularmente a la iglesia a la cual usted pertenece; si no pertenece a ninguna, encuentre una.

Usted hará algunos de sus mejores amigos en la iglesia. Una congregación cristiana es un buen lugar para construir relaciones duraderas. Pertenecer a una iglesia, no sólo asistir a ella, es vital para el compañerismo.

9. Decida perdonar a quienes lo han ofendido en la iglesia.

Déjelo ir, la vida es muy corta como para guardar resentimiento. No juzgue a toda la iglesia porque una o varias personas lo hayan ofendido o herido. Sea una persona que ofrece una segunda oportunidad.

10. Sea sabio al seleccionar a las personas con quienes pasará más tiempo.

"No se dejen engañar: 'Las malas compañías corrompen las buenas costumbres'" (1 Corintios 15:33). Usted llegará a ser como las personas con las que pasa la mayor parte del tiempo. Así como son sus amigos será usted. Busque el compañerismo que tiene a Dios como el centro y que está guiado por las Sagradas Escrituras.

EL HÁBITO DE
USAR LAS ESCRITURAS

PASAJE GUÍA

Entonces respondió Jesús y les dijo:
—Erráis porque no conocéis las Escrituras, ni tampoco el poder de Dios.
Mateo 22:29

El hábito de Jesús de usar las Escrituras nos guía a estudiar y aplicar la Palabra de Dios a las situaciones de la vida diaria con coherencia, ya se trate de tentaciones, pruebas o triunfos.

> **Regrese a la Biblia o regrese a la jungla.**
> **—Luis Palau**

Jesús mostró cómo usar las Escrituras

Jesús conocía las Escrituras del Antiguo Testamento y las usó para saber cómo guiar su vida. Las conocía tan bien que, cuando algún texto fue mal interpretado, citado fuera de contexto, tergiversado, añadido o disminuido, inmediatamente señaló el error. Esa debe ser la meta de cada cristiano.

George Barna, en su libro *Piense como Jesús*, dice:

Personalmente pienso que el argumento más convincente es que Jesucristo enseñó que la Biblia es la palabra autoritativa de Dios para la humanidad. Al respaldar personalmente el valor y la veracidad de las Escrituras, Jesús nos permite aceptar plenamente que la Biblia es confiable y autoritativa. ¿Cómo avala Jesús la Biblia? En sus enseñanzas, él citó frecuentemente pasajes del Antiguo Testamento o basó sus lecciones sobre historias relatadas en esos libros.

Cuando discutió con los líderes y maestros religiosos, su tendencia fue llevarlos hacia las Escrituras y descansar sobre la autoridad de la Palabra. El resultado fue que sus opositores se resintieron ante la evidencia, pero no pudieron ni contradecir la sabiduría ni desafiar la fuente[1].

Jesús usó las Escrituras para contraatacar en la guerra espiritual con Satanás

Durante las tentaciones que Satanás le presentó, Jesús usó las Escrituras para derrotarlo y obtener la victoria espiritual. Él citó Deuteronomio 8:3; 6:16; 6:13; 10:20.

Pero él respondió y dijo:

—Escrito está: *No sólo de pan vivirá el hombre, sino de toda palabra que sale de la boca de Dios* (Mateo 4:4).

Jesús le dijo:

—Además está escrito: *No pondrás a prueba al Señor tu Dios* (Mateo 4:7).

UNA COMPETENCIA INJUSTA

En una universidad un estudiante creyente compartía el cuarto con un compañero que era musulmán. A medida que se fueron haciendo amigos, su conversación se orientó hacia sus respectivas creencias. El cristiano preguntó al musulmán si había leído la Biblia. El musulmán contestó que no, pero a su vez le preguntó al cristiano si alguna vez había leído el Corán. El cristiano respondió:

—No, no lo he hecho, pero estoy seguro de que será interesante. ¿Por qué no leemos juntos una vez por semana, alternando ambos libros?

El joven aceptó la propuesta. Su amistad se fue profundizando y durante el segundo semestre el musulmán llegó a ser un creyente en Jesús. Pero una tarde, casi al finalizar el semestre, entró violentamente al cuarto y dijo al que lo había llevado a la nueva fe:

—¡Me engañaste!

—¿Qué dices? —preguntó el creyente.

El ex musulmán abrió su Biblia y dijo:

—La he estado leyendo, así como tú me dijiste ¡y descubro que la Palabra es viva y activa!

Y sonrió abiertamente.

—Tú sabías exactamente que la Biblia contiene el poder de Dios y que el Corán es un libro como cualquier otro. ¡Yo no tenía ninguna oportunidad de ganarte!

—¿Debo suponer que vas a odiarme toda la vida? —preguntó el creyente.

—No, —respondió el otro— pero fue una competencia injusta[2].

Entonces Jesús le dijo:

—Vete, Satanás, porque escrito está:

Al Señor tu Dios adorarás

y a él solo servirás.

Entonces el diablo le dejó, y he aquí, los ángeles vinieron y le servían (Mateo 4:10, 11).

Las victorias espirituales se consiguen usando las Escrituras.

Jesús creyó en la autoridad de las Escrituras

Pero Abraham dijo: "Tienen a Moisés y a los Profetas. Que les escuchen a ellos". Entonces él dijo: "No, padre Abraham. Más bien, si alguno va a ellos de entre los muertos, se arrepentirán". Pero Abraham le dijo: "Si no escuchan a Moisés y a los Profetas, tampoco se persuadirán si alguno se levanta de entre los muertos" (Lucas 16:29-31).

Porque si vosotros creyeseis a Moisés, me creeríais a mí; pues él escribió de mí. Pero si no creéis a sus escritos, ¿cómo creeréis a mis palabras? (Juan 5:46, 47).

Jesús creyó cada palabra de las Escrituras hebreas y las tuvo como autoridad final sobre cualquier asunto. Él conocía el poder de la Palabra de Dios.

Jesús usó las Escrituras para señalar el error doctrinal

Entonces respondió Jesús y les dijo:

—Erráis porque no conocéis las Escrituras, ni tampoco el poder de Dios (Mateo 22:29).

Jesús señaló el error de los saduceos al usar las Escrituras.

Jesús usó las Escrituras para enseñar la verdad a la gente

Entonces él les dijo:

—¡Oh insensatos y tardos de corazón para creer todo lo que los profetas han dicho! ¿No era necesario que el Cristo padeciese estas cosas y que entrara en su gloria?

Y comenzando desde Moisés y todos los Profetas, les interpretaba en todas las Escrituras lo que decían de él. Así llegaron a la aldea a donde iban, y él hizo como que iba más adelante. Pero ellos le insistieron diciendo:

—Quédate con nosotros, porque es tarde, y el día ya ha declinado.

Entró, pues, para quedarse con ellos. Y aconteció que estando sentado con ellos a la mesa, tomó el pan, lo bendijo y les dio. Entonces fueron abiertos los ojos de ellos, y le reconocieron. Pero él desapareció de su vista. Y se decían el uno al otro:

—¿No ardía nuestro corazón en nosotros cuando nos hablaba en el camino y nos abría las Escrituras?

En la misma hora se levantaron y se volvieron a Jerusalén. Hallaron reunidos a los once y a los que estaban con ellos, quienes decían:

—¡Verdaderamente el Señor ha resucitado y ha aparecido a Simón!

Entonces ellos contaron las cosas que les habían acontecido en el camino, y cómo se había dado a conocer a ellos al partir el pan.

Mientras hablaban estas cosas, Jesús se puso en medio de ellos y les dijo:

—Paz a vosotros.

Entonces ellos, aterrorizados y asombrados, pensaban que veían un espíritu. Pero él les dijo:

—¿Por qué estáis turbados, y por qué suben tales pensamientos a vuestros corazones? Mirad mis manos y mis pies, que yo mismo soy. Palpad y ved, pues un espíritu no tiene carne ni huesos como veis que yo tengo.

Al decir esto, les mostró las manos y los pies. Y como ellos aún no lo creían por el gozo que tenían y porque estaban asombrados, les dijo:

—¿Tenéis aquí algo de comer?

Entonces le dieron un pedazo de pescado asado. Lo tomó y comió delante de ellos. Y les dijo:

—Estas son las palabras que os hablé, estando aún con vo-

> *La Biblia es el manual de instrucciones del ser humano.*
> —*Anónimo*

sotros: que era necesario que se cumpliesen todas estas cosas que están escritas de mí en la Ley de Moisés, en los Profetas y en los Salmos. Entonces les abrió el entendimiento para que comprendiesen las Escrituras, y les dijo:

—Así está escrito, y así fue necesario que el Cristo padeciese y resucitase de los muertos al tercer día (Lucas 24:25-46).

Jesús se apareció a dos discípulos en Emaús luego de resucitar, demostrando que la Ley, los Profetas y los Salmos tenían la misma autoridad. Además, Jesús usó las Escrituras para mostrarles cómo se aplicaban a sí mismo. Él reveló la Escritura para mostrar a la gente la verdad.

Jesús usó las Escrituras para hablar de su próxima resurrección

Entonces le respondieron algunos de los escribas y de los fariseos, diciendo:

—Maestro, deseamos ver de ti una señal.

Él respondió y les dijo:

—Una generación malvada y adúltera demanda señal, pero no le será dada ninguna señal, sino la señal del profeta Jonás. Porque así como Jonás estuvo tres días y tres noches en el vientre del gran pez, así estará el Hijo del Hombre en el corazón de la tierra tres días y tres noches. Los hombres de Nínive se levantarán en el juicio contra esta generación y la condenarán, porque ellos se arrepintieron ante la proclamación de Jonás. ¡Y he aquí uno mayor que Jonás está en este lugar! (Mateo 12:38–41).

Jesús citó al profeta Jonás para referirse a su próxima resurrección.

Jesús usó las Escrituras para explicar lo que pasaría en su arresto, juicio y crucifixión.

A la verdad, el Hijo del Hombre va, tal como está escrito de él. Pero ¡ay de aquel hombre por quien es entregado el

Hijo del Hombre! Bueno le fuera a aquel hombre no haber nacido.

Y respondiendo Judas, el que le entregaba, dijo:

—¿Acaso seré yo, Maestro?

Le dijo:

—Tú lo has dicho.

Mientras ellos comían, Jesús tomó pan y lo bendijo; lo partió y lo dio a sus discípulos, y dijo:

—Tomad; comed. Esto es mi cuerpo.

Tomando la copa, y habiendo dado gracias, les dio diciendo:

> **UN PERIODISTA SE EXPRESA SOBRE LA LECTURA DE LA BIBLIA**
>
> La periodista Tabitha Soren, especialista en temas políticos, dice: "No importa cuán secular llegue a ser nuestra cultura, permanecerá siempre empapada de la Biblia. Y ya que estamos tan ligados a la Biblia, aunque ni nos demos cuenta de ello, ¿no le parece que tiene sentido leerla?"[3].

—Bebed de ella todos; porque esto es mi sangre del pacto, la cual es derramada para el perdón de pecados para muchos. Pero os digo que desde ahora no beberé más de este fruto de la vid, hasta aquel día cuando lo beba nuevo con vosotros en el reino de mi Padre.

Y después de cantar un himno, salieron al monte de los Olivos.

Entonces Jesús les dijo:

—Todos vosotros os escandalizaréis de mí esta noche, porque está escrito: *Heriré al Pastor, y las ovejas del rebaño serán dispersadas*. Pero después de haber resucitado, iré delante de vosotros a Galilea…

Mientras él aún hablaba, vino Judas, que era uno de los doce, y con él mucha gente con espadas y palos, de parte de los principales sacerdotes y de los ancianos del pueblo. El que le entregaba les había dado señal diciendo: "Al que yo bese, ése es. Prendedle". De inmediato se acercó a Jesús y dijo:

—¡Te saludo, Rabí!

Y le besó. Pero Jesús le dijo:

—Amigo, haz lo que viniste a hacer. Entonces ellos se acercaron, echaron mano a Jesús y le prendieron. Y he aquí uno de los que estaban con Jesús extendió su mano, sacó su

> **La Biblia no intenta brindarnos información sino transformación.**
> **—Anónimo**

espada, y golpeando a un siervo del sumo sacerdote le cortó la oreja. Entonces Jesús le dijo:

—Vuelve tu espada a su lugar, porque todos los que toman espada, a espada perecerán. ¿O piensas que no puedo invocar a mi Padre y que él no me daría ahora mismo más de doce legiones de ángeles? Entonces, ¿cómo se cumplirían las Escrituras de que es necesario que suceda de esta manera? (Mateo 26:24-32, 47-54).

Habiendo dicho estas cosas, Jesús salió con sus discípulos para el otro lado del arroyo de Quedrón, donde había un huerto en el cual entró Jesús con sus discípulos. También Judas, el que le entregaba, conocía aquel lugar, porque Jesús solía reunirse allí con sus discípulos. Entonces Judas, tomando una compañía de soldados romanos y guardias de los principales sacerdotes y de los fariseos, fue allí con antorchas, lámparas y armas. Pero Jesús, sabiendo todas las cosas que le habían de acontecer, se adelantó y les dijo:

—¿A quién buscáis?

Le contestaron:

—A Jesús de Nazaret.

Les dijo Jesús:

—Yo soy.

Estaba también con ellos Judas, el que le entregaba. Cuando les dijo, "Yo soy", volvieron atrás y cayeron a tierra. Les preguntó, pues, de nuevo:

—¿A quién buscáis?

Ellos dijeron:

—A Jesús de Nazaret.

Jesús respondió:

—Os dije que yo soy. Pues si a mí me buscáis, dejad ir a éstos.

Esto hizo para que se cumpliese la palabra que él dijo: "De los que me diste, ninguno de ellos perdí".

Entonces Simón Pedro, que tenía una espada, la sacó, hirió al siervo del sumo sacerdote y le cortó la oreja derecha. Y el siervo se llamaba Malco. Entonces Jesús dijo a Pedro:

—Mete tu espada en la vaina. ¿No he de beber la copa que el Padre me ha dado?

Entonces la compañía de soldados, el comandante y los guardias de los judíos prendieron a Jesús y le ataron (Juan 18:1-11).

Las Escrituras nos ayudan a comprender lo que está pasando en nuestra vida.

¿Cuáles son los enemigos de usar las Escrituras?

1. Ignorancia: "No sé nada de la Biblia".
2. Ocupaciones: "No tengo tiempo para leer la Biblia".
3. Falta de práctica: "Por ahora no asisto ni a la iglesia ni a ningún estudio bíblico".
4. Indiferencia: "¿Qué me puede enseñar un libro tan anticuado acerca de mi vida en el siglo XXI?".

> *Nadie que estudie la Biblia ha aprendido nada hasta que no se encuentra con su Autor cara a cara.*
> *—Everett Harris*

Fórmese el hábito de usar las Escrituras

1. Lea la Biblia cada día y tenga un plan específico de lecturas.

No decida cómo va a leer la Biblia cuando esté sentado frente a ella. Planifique su lectura de antemano y vaya directamente al pasaje correspondiente. Hay muchos planes de lectura de la Biblia disponibles, incluso alguno de ellos pueden bajarse de la Internet.

2. Tome la decisión de leer toda la Biblia cada año.

Use diferentes traducciones cada año. El programa "La Biblia en un año" es un buen plan. Cada cristiano debe leer toda la Biblia por lo menos una vez. Hacerlo añade fortaleza a la fe personal.

3. Participe de un estudio bíblico por lo menos una vez a la semana.

Busque un grupo dirigido por un instructor que conozca bien la Biblia, para reunirse cada semana. Es vital para nuestra salud espiritual que seamos alimentados con la Palabra de Dios. Dios ha dotado a ciertas personas para enseñar la Biblia. Cada vez que nos exponemos a la predicación y enseñanzas de la Biblia, tenemos la oportunidad de crecer espiritualmente.

4. Use la Biblia para determinar si algo es doctrinalmente correcto, revisando los capítulos y versículos que tratan el tema.

No acepte algo sólo porque alguien diga: "Dios lo dijo" o "Dios me lo reveló". Consulte siempre su Biblia. Si algo no es consistente con la Biblia, recházelo como si fuera una papa caliente.

5. Use los principios de la Biblia para comprender asuntos morales.

Aunque no haya un versículo específico acerca de un tema en especial, la Palabra de Dios está llena de principios sobre los cuales podemos decidir si algo es correcto o incorrecto. Cualquier asunto puede ser enfrentado usando los principios de las Escrituras.

6. Use las Escrituras para consolarse cuando sufre una pena o una pérdida.

El libro de los Salmos es uno de los más grandes recursos de aliento que jamás se hayan escrito. Nada trae tanto consuelo y seguridad como una palabra de parte de Dios. Cualquiera sea la cir-

---

UN PARTICIPANTE EN UNA COMPETENCIA BÍBLICA FUE ASESINADO

No hace mucho tiempo, se realizó una competencia bíblica en una de las ciudades del sur de los Estados Unidos de América, que consistía en citar distintos pasajes. Uno de los participantes fue asesinado por otro de los finalistas. Ambos competidores discutieron sobre las palabras exactas de un versículo de las Escrituras; uno de los participantes corrió a su casa, tomó una pistola, volvió y mató al otro[4].

cunstancia, usted podrá encontrar en la Biblia algún pasaje que hablará directamente a su necesidad.

7. *Use las Escrituras para juzgar una experiencia; no use su experiencia para juzgar a las Escrituras.*

Nuestras experiencias no nos dan autoridad para juzgar la verdad o el error. Nuestra capacidad de análisis comienza con la Biblia abierta. Si nuestra experiencia no es consistente con las Escrituras, se trata de una experiencia verdaderamente errada. Una verdadera experiencia con Dios siempre está en armonía con lo que dice la Biblia.

8. *Siempre tenga una copia de la Biblia con usted: en su automóvil, en su hogar, en su oficina o su trabajo.*

Siempre tenga una Biblia a mano. Se sorprenderá cuán frecuentemente la abrirá y la leerá durante el día. Esté siempre listo para que Dios le diga algo a través de su Palabra.

9. *Memorice las Escrituras.*

Hay poder en tener la Palabra de Dios en la mente y en el corazón. Eso lo beneficiará no importa lo que esté enfrentando, ya sea una tentación o una preocupación. Tener la capacidad de recordar una porción específica de la Biblia llega a ser una gran defensa contra los feroces dardos de duda que Satanás nos lanza.

10. *Aplique las Escrituras.*

La Escritura llega a ser poderosa en nuestra vida en el momento que la aplicamos. Es *haciendo* la Palabra que conocemos la verdadera felicidad. Leer la Palabra de Dios nos provee conocimiento, pero hacer lo que la Palabra de Dios dice, nos permite pasar los más grandes momentos de nuestra vida.

EL HÁBITO DE
VIVIR CON PROPÓSITO

PASAJE GUÍA

Porque el Hijo del Hombre ha venido a buscar y a salvar
lo que se había perdido.
Lucas 19:10

El hábito de Jesús de vivir con propósito nos ayuda a tomar la decisión de tener una razón para vivir sirviendo a Dios y haciendo una diferencia para él en el mundo.

> *Más hombres fracasan por la falta de propósito que por la falta de talento.*
> —*Billy Sunday*

Jesús nos mostró su propósito

Jesús ordenaba su programa de actividades, su rutina diaria, alrededor del propósito de Dios para su vida. Cada persona que sanó, cada sermón que predicó, cada milagro que hizo, cada palabra que dijo y cada oración que elevó al Padre tuvo como fin la salvación de las personas.

Los latigazos que recibió, su crucifixión, su resurrección y su ascensión giraron en torno a su propósito de ganar a los perdidos.

¿Por qué motivo se levanta usted de la cama cada mañana? ¿Qué propósito orienta sus actividades? ¿Cuál es su pasión en la vida? ¿Hacia dónde dirige su vida?

Jesús tenía el propósito de traer a la gente hacia el reino de Dios

Id, pues, y aprended qué significa: *Misericordia quiero y no sacrificio*. Porque yo no he venido para llamar a justos, sino a pecadores (Mateo 9:13).

215

Porque el Hijo del Hombre ha venido a buscar y a salvar lo que se había perdido (Lucas 19:10).

Porque yo he descendido del cielo, no para hacer la voluntad mía, sino la voluntad del que me envió. Y ésta es la voluntad del que me envió: que yo no pierda nada de todo lo que me ha dado, sino que lo resucite en el día final. Esta es la voluntad de mi Padre: que todo aquel que mira al Hijo y cree en él tenga vida eterna, y que yo lo resucite en el día final (Juan 6:38-40).

Ese fue el propósito central de su vida: salvar al perdido. Ese debe llegar a ser el propósito de cada cristiano: compartir el mensaje del evangelio que cambia vidas.

> *Deseo tomar toda nuestra cultura y ponerla más cerca de Dios.*
> *—Phil Vischer, creador de los Veggie Tales*

Jesús vino para cumplir la ley y los profetas

No penséis que he venido para abrogar la Ley o los Profetas. No he venido para abrogar, sino para cumplir (Mateo 5:17).

Jesús fue el único que pudo cumplir con cada demanda de la Ley y las profecías. Él cumplió con su propósito.

Jesús vino para servir

Porque el Hijo del Hombre tampoco vino para ser servido, sino para servir y para dar su vida en rescate por muchos (Marcos 10:45).

Jesús fue el máximo modelo de siervo. Él dio ejemplo de su actitud en todo lo que hizo.

Jesús vino para traer vida más allá de lo que cualquiera podría experimentar

El ladrón no viene sino para robar, matar y destruir. Yo he venido para que tengan vida, y para que la tengan en abundancia (Juan 10:10).

Jesús no sólo vino para traer vida eterna, también vino para traer vida aquí, en la tierra. Él vino no sólo para llevarnos al cielo cuando muramos sino también para darnos una vida que merece ser vivida hoy.

Jesús vino para ser la luz del mundo

Entonces Jesús les dijo:

—Aún por un poco de tiempo está la luz entre vosotros. Andad mientras tenéis la luz, para que no os sorprendan las tinieblas. Porque el que anda en tinieblas no sabe a dónde va. Mientras tenéis la luz, creed en la luz, para que seáis hijos de luz.

> *Cada vida debe tener un propósito al cual pueda entregar las energías de la mente y el entusiasmo del corazón. Una vida sin propósito quedará cautiva de los perversos caminos de una vida sin compromiso.*
> *—C. Neil Strait*

Estas cosas habló Jesús, y al apartarse, se escondió de ellos (Juan 12:35, 36).

Jesús vino a un mundo de tinieblas espirituales para hacer brillar la luz de la salvación. Además, demostró la victoria que puede tener la luz sobre las tinieblas cuando el Salvador es recibido.

Jesús vino para decirnos la verdad acerca de Dios y acerca de nosotros

Entonces Pilato le dijo:

—¿Así que tú eres rey?

Jesús respondió:

—Tú dices que soy rey. Para esto yo he nacido y para esto he venido al mundo: para dar testimonio a la verdad. Todo aquel que es de la verdad oye mi voz (Juan 18:37).

Jesús nos demostró que la verdad siempre nos guiará hacia Dios.

Jesús vino para destruir el trabajo del maligno

El que practica el pecado es del diablo, porque el diablo peca desde el principio. Para esto fue manifestado el Hijo de Dios: para deshacer las obras del diablo (1 Juan 3:8).

Jesús cumplió las Escrituras.

Y pondré enemistad entre ti y la mujer, y entre tu descendencia y su descendencia; ésta te herirá en la cabeza, y tú le herirás en el talón (Génesis 3:15).

Jesús destruyó lo que el maligno había deseado: hacer de la muerte un enemigo que no pudiera ser destruido.

¿Cuáles son los enemigos del hábito de tener propósito?

1. Comodidad: "Esto me podría sacar de mi cómodo ambiente".
2. Apatía: "Estoy satisfecho y no necesito cambiar nada".
3. Pereza: "Estoy muy cansado como para hacer una cosa más".
4. Ignorancia: "No sé porque estoy aquí ni lo que Dios desea que haga".

Fórmese el hábito de tener un propósito

1. Tome en cuenta que Dios tiene un plan específico para su vida.

Piénselo: el mismo Dios que creó el mundo tiene un propósito único para usted. Dios tiene un designio para cada ser humano. Usted es importante para Dios. Usted tiene un papel importante que desempeñar para él en este planeta.

2. Descubra que el propósito de Dios para su vida es un proceso.

El proceso es la parte más importante del viaje. Dios nos muestra su voluntad paso a paso. Él no revela todo su plan al mismo tiempo. Si lo hiciera así, la fe no sería necesaria.

3. Pídale a Dios que le muestre el propósito que tiene para su vida.

La oración es una parte vital para descubrir el propósito de Dios. A través de la oración, Dios nos da la perspicacia y la sabidu-

---

LA GASOLINA DE LA FELICIDAD

Hace 50 años, el teólogo y escritor británico C. S. Lewis describió la felicidad de tal manera que adquiere más sentido en nuestros días, cuando dependemos tanto de los automóviles: "Un automóvil está hecho para que funcione con gasolina y no correrá bien con otra cosa. Dios diseñó la máquina humana para que funcionara con él. Él mismo es el combustible para nuestros espíritus, la comida que fue designada para alimentarnos. No existe otra cosa. Es por ello que no es bueno pedirle a Dios que nos haga felices a nuestra manera sin que tengamos que molestarnos con la religión. Dios no puede darnos felicidad y paz sin él porque es imposible. No existe tal cosa"[1].

ría para captar su voluntad. La oración crea el ambiente en el cual el propósito de Dios puede ser visto más claramente.

4. *Viva su vida para agradar y servir a Dios.*

El valor central de su vida debe ser que, en cada cosa que usted haga, Dios sea agradado y honrado. Este debe ser el filtro a través del cual usted toma cada una de sus decisiones.

5. *Establezca prioridades que sean importantes para Dios.*

Programe sus prioridades. Dios dice que él debe ser lo primero en su vida, luego su cónyuge, luego sus hijos, luego su trabajo. Es imperativo que lo más importante para Dios sea también lo más importante para usted.

6. *El propósito de su vida se demuestra en las actividades cotidianas, no en los eventos extraordinarios.*

Deje de buscar el gran evento y descubra que el propósito de Dios se cumple plenamente en sus actividades diarias. Usted nunca sabe en qué momento de la rutina diaria Dios va a ingresar para mostrarle un propósito específico. Eso es lo que hace que la vida cristiana sea tan emocionante cada día.

> *El propósito de la vida es algo que va mucho más allá de su realización personal, la paz de la mente o aun su felicidad. También está más allá de su familia, su carrera o sus más extravagantes sueños y ambiciones. Si usted desea conocer por qué fue puesto en este planeta, debe comenzar dirigiéndose a Dios. Usted nació por su propósito y para su propósito.*
> *—Rick Warren[2]*

7. *Asegúrese de invertir su tiempo en cosas de significado eterno.*

Las únicas dos cosas eternas son la Biblia y las personas. Dé su vida para promover la lectura de la Biblia e invertir en las personas. No se envuelva en "un juego de azar" con la vida que Dios le ha dado.

8. *Levántese cada mañana reconociendo que lo que usted diga o haga puede ser importante para Dios.*

Usted puede hacer una diferencia para Dios. Su contribución puede ser vital para su reino. Dios le ha dado a usted un lugar designado en la vida. Ocupe ese asiento, comparta su influencia a favor de Dios, en el lugar donde está.

> **Dios tiene algo
> que sólo usted
> puede hacer.**
> **—Lewis Timberlake**

**9. Comprenda que hay más vida de la
que usted puede ver, oír, gustar u oler:
existe una dimensión espiritual más
allá de los sentidos.**

Es dentro de esa dimensión donde usted experimentará su más grande actuación en la vida. Cuando se coloca primero la dimensión espiritual, esta afecta cada una de las otras áreas de nuestra vida.

10. Viva para dejar un legado; deje algo que haga una diferencia cuando usted ya se haya ido.

Lo que usted hace mientras vive puede continuar luego de que usted se haya marchado a la eternidad. Entréguese a este propósito que lo trascenderá a usted e impactará en la gente por muchos años.

¡UNA OPORTUNIDAD PARA CAMBIAR AL MUNDO!

Steve Jobs es un genio construyendo computadoras, pero hubo una época cuando tuvo necesidad de que alguien le ayudara a vender sus increíbles "cajas mágicas". Jobs tenía necesidad de que un experto le ayudara a llevar sus computadoras Apple al cuadrilátero de las ventas para pelear en contra de IBM. John Sculley se convirtió en el blanco de atención de Steve Jobs. Ya a los 38 años, Sculley se había convertido en el presidente más joven de la compañía Pepsi. Él fue quien diseñó y guió la campaña de publicidad denominada "La generación Pepsi", que destronó a Coca Cola del liderazgo por primera vez en la historia. Steve Jobs sabía que podría lograr mucho si conseguía los servicios de Sculley. Ambos comieron juntos varias veces. Steve le hizo varias ofertas económicas, aunque ni siquiera tenía el dinero ni lo podía conseguir. Sculley, por su parte, no estaba satisfecho con su éxito. Aprovechando la ocasión, Steve Jobs retó a Sculley con una pregunta: "¿Deseas pasar el resto de tu vida vendiendo agua azucarada o quieres una oportunidad para cambiar al mundo?". Fue esa única pregunta penetrante lo que movió a Sculley a dejar su seguridad con Pepsi e irse a Apple, y tener la oportunidad de "cambiar al mundo". Los cristianos, más aún que los empresarios del mundo de la computación, tienen la "verdadera" oportunidad para cambiar al mundo. No perdamos nuestro propósito al permanecer contentos vendiendo sólo "agua azucarada"[3].

EL HÁBITO DE
AYUNAR

PASAJE GUÍA

Y después de haber ayunado cuarenta días y cuarenta noches,
tuvo hambre.

Mateo 4:2

El hábito de Jesús de ayunar implica el tomar la decisión de presentarse ante Dios sin comer por un tiempo específico a fin de buscar su voluntad con más pasión e intensidad.

> **El ayuno sin oración es**
> **morirse de hambre.**
> **—Anónimo**

Jesús nos mostró cómo ayunar

Jesús conocía de primera mano el poder del ayuno. Cuando él ayunó, pasaron cosas sobrenaturales. Jesús ayunó durante 40 días y 40 noches. A nosotros también nos pasarán cosas sobrenaturales cuando ayunemos de acuerdo con la Palabra de Dios. Ayunar puede cambiar su vida.

Jesús fue confrontado por Satanás de la manera más pertinaz y atacado de la manera más intensa posible.

Jesús ayunó para vencer a Satanás

Entonces Jesús fue llevado por el Espíritu al desierto, para ser tentado por el diablo. Y después de haber ayunado cuarenta días y cuarenta noches, tuvo hambre.

El tentador se acercó y le dijo:

—Si eres Hijo de Dios, di que estas piedras se conviertan en pan.

Pero él respondió y dijo:

—Escrito está: *No sólo de pan vivirá el hombre, sino de toda palabra que sale de la boca de Dios.*

Entonces el diablo le llevó a la santa ciudad, le puso de pie sobre el pináculo del templo, y le dijo:

—Si eres Hijo de Dios, échate abajo, porque escrito está: *A sus ángeles mandará acerca de ti, y en sus manos te llevarán, de modo que nunca tropieces con tu pie en piedra.*

Jesús le dijo:

—Además está escrito: *No pondrás a prueba al Señor tu Dios.*

Otra vez el diablo le llevó a un monte muy alto, y le mostró todos los reinos del mundo y su gloria. Y le dijo:

—Todo esto te daré, si postrado me adoras.

Entonces Jesús le dijo:

—Vete, Satanás, porque escrito está: *Al Señor tu Dios adorarás y a él solo servirás.*

Entonces el diablo le dejó, y he aquí, los ángeles vinieron y le servían (Mateo 4:1-11).

Ayunar ayudó a Jesús a enfrentar las tentaciones de Satanás. Esto le dio la fortaleza para apagar sus terribles dardos. Jesús pudo ver más claramente el plan de Dios para su vida. Ayunar lo ayudó a atravesar la crisis con éxito.

TANTO COMO SEA NECESARIO

El pastor Stephen Bly, de Winchester, Idaho, tuvo la fortuna de ser testigo del impacto del discipulado en uno de los miembros de su iglesia. August Jensen era un anciano viudo de 84 años de edad, que se sentaba en los últimos asientos del templo. Muchas personas pensaban que August ya no tenía mucho que ofrecer. Sin embargo, el pastor aprendió una nueva lección con él.

Durante una visita a la casa de Gus, el Pastor Bly se dio cuenta del régimen diario que seguía el anciano. Gus usaba dos horas y media para estudiar su Biblia y orar; luego salía a caminar cinco kilómetros y, mientras lo hacía, conversaba con Dios. Últimamente había estado ayunando dos comidas al día y orando por la salvación de Antonio, un adolescente que vivía cerca de su casa y que sólo servía para crear problemas. El pastor preguntó:

—¿Cuánto tiempo ha estado usted orando y ayunando por Antonio?

Gus respondió:

—Cuarenta días.

—Y... ¿por cuánto tiempo continuará? —inquirió el pastor.

Con una sonrisa, Gus dijo:

—Tanto como sea necesario.

El día número 52, Antonio entregó su vida a Jesucristo[2].

Jesús dio por sentado que los cristianos ayunarían

Cuando ayunéis, no os hagáis los decaídos, como los hipócritas, que descuidan su apariencia para mostrar a los hombres que ayunan. De cierto os digo que ya tienen su recompensa (Mateo 6:16).

Jesús dijo *cuando ayunen*, no dijo *si ayunan*. Él deseaba que nosotros siguiéramos su ejemplo.

Jesús enseñó la manera correcta de ayunar

Cuando ayunéis, no os hagáis los decaídos, como los hipócritas, que descuidan su apariencia para mos-

> Jesús pasó tiempo a solas con Dios. Buscaba la soledad para escuchar la voz de su Padre en los cielos. Ayunó a fin de poder recordarse a sí mismo que debía mantenerse orientado hacia Dios.
> —George Barna[1]

trar a los hombres que ayunan. De cierto os digo que ya tienen su recompensa. Pero tú, cuando ayunes, unge tu cabeza y lávate la cara, de modo que no muestres a los hombres que ayunas, sino a tu Padre que está en secreto. Y tu Padre que ve en secreto te recompensará (Mateo 6:16–18).

Jesús nos da el plan para el ayuno efectivo.

¿Cuáles son los enemigos del hábito de ayunar?

1. Inconveniencia: "El ayuno podría afectar mi horario establecido".
2. Comodidad: "No me gustaría sentir hambre".
3. Falta de voluntad: "Sencillamente no deseo hacerlo".

Haga del ayuno un hábito

1. Permita que Dios le muestre cuándo ayunar.

Sea sensible a la carga que el Señor ponga sobre su corazón acerca de cómo y cuándo ayunar. Esto no significa que ayunar regularmente cada semana sea incorrecto; sin embargo, uno debe siempre ser sensible a los momentos cuando Dios específicamente nos llama a ayunar.

2. Ayune por algo específico.

Haga una lista de motivos de oración para su tiempo de ayuno.

Usted necesitará tener ciertas cosas en mente; así sabrá en qué momento Dios le ha respondido a cada una de ellas.

3. *Ayunar y orar siempre van juntos.*

Usted puede orar sin ayunar, pero nunca se debe ayunar sin orar. Ayunar nos ayuda a enfocar nuestras oraciones. El ayuno crea una atmósfera apropiada para la oración intensa.

4. *Cuando ayunamos, expresamos nuestra disponibilidad hacia Dios.*

Ayunar es nuestra manera de decirle

> *Orar es alcanzar lo que no se ve; ayunar es dejar ir todo lo que se ve y es temporal. El ayuno ayuda a expresar, profundizar y confirmar la resolución de que estamos listos para sacrificar cualquier cosa, incluso a nosotros mismos, para obtener lo que buscamos para el reino de Dios.*
> —Andrew Murray

a Dios: "Estoy dispuesto a escucharte y a hacer cualquier cosa que me digas que haga". De este modo, usted abre sus oídos a las órdenes de Dios para poder decirle "sí" a su debido tiempo.

5. *Ayunar sirve para poner el cuerpo bajo el control del Señor.*

Ayunar nos ayuda a disciplinar nuestro cuerpo. Nuestro cuerpo tiene la tendencia a dictarnos lo que hay que hacer. Ayunar es una manera de someter nuestro cuerpo físico a Dios.

6. *No le diga a nadie que está ayunando, con excepción de su esposa(o).*

Jesús nos enseñó que no vayamos anunciando a todos que estamos ayunando. El ayuno nunca debe ser para llamar la atención hacia nosotros. Todo lo contrario: es para quitarnos del centro de atención y poder escuchar al Señor.

> *Si la recompensa que usted busca por ayunar es la admiración de los demás, eso es todo lo que obtendrá. En otras palabras, el peligro de la hipocresía es que tiene mucho éxito. La hipocresía busca conseguir la alabanza de los hombres, y lo consigue. Pero eso es todo.*
> —John Piper [4]

7. *Reserve suficiente tiempo para estar a solas con Dios mientras ayuna.*

Es vital que mientras ayuna separe un tiempo para buscar a Dios. Una forma es orar durante el tiempo que normalmente usamos para comer. No permita que el tiempo de ayuno se llene con otras cosas que reclaman su atención.

8. No se desanime si no ve una respuesta inmediata.

Algunas veces, el alivio o las respuestas al tiempo de ayuno son inmediatos. Sin embargo, la mayoría de las veces, la respuesta a la oración y el ayuno se convierten

> *Ayunar es un correctivo divino para el orgullo del corazón humano. Es una disciplina del cuerpo con la intención de humillar el alma.*
> —*Arthur Wallis*

en un proceso para que podamos ver obrar a Dios. Siempre debemos confiar en el tiempo de Dios y dejar los resultados de nuestro ayuno a él.

9. Asegúrese que ayuna por las razones correctas.

No ayune para perder peso. Ese nunca debe ser el motivo. El hábito de ayunar seguramente le ayudará en el control de su peso. Sin embargo, el único motivo para ayunar debe ser buscar y glorificar a Dios.

10. Regocíjese porque usted ha hecho algo tangible para Dios negándose a sí mismo.

Ayunar es algo que puede medirse. Usted puede mirar hacia atrás y saber que ha ejercido una disciplina bíblica. Cuando usted ayuna, se identifica con Jesucristo y muchos discípulos que también han practicado el ayuno.

CINCO TIPOS DE AYUNO

Ayuno sobrenatural

Significa ayunar durante varios días sin comer ni beber. Dado que el promedio de las personas sólo puede vivir alrededor de tres días sin agua, este tipo de ayuno requiere de una fuerza sobrenatural. Por lo tanto, usted debe estar seguro de que Dios lo está guiando de manera específica hacia este tipo de ayuno. Así sucedió con Moisés (Deuteronomio 9:9-18; Éxodo 34:28) y con Elías (1 Reyes 19:8).

Ayuno absoluto

Durante este tipo de ayuno no se come ni se bebe por períodos de tiempo cortos, un máximo de tres días (ver Ester 4:16 y Hechos 9:9).

Ayuno normal

Este ayuno consiste en no comer, pero sí consumir agua u otros líquidos. La Biblia nos muestra que este ayuno puede durar de 1 a 40 días (ver Mateo 4:1, 2). La historia nos relata acerca de algunas personas que han ayunado mucho más tiempo, aunque estos son casos excepcionales.

Ayuno parcial

Consiste en la abstención de ciertos tipos de comida (ver Daniel 1:8; 10:3, Números 6:3). Posiblemente, este era el ayuno que practicaba Juan el Bautista (Mateo 3:4).

Ayuno público, nacional o eclesiástico

Significa que un grupo de personas se pone de acuerdo para ayunar con un propósito específico (Ester 4:3; Jonás 3:6-8; Hechos 13:1–3)[3].

EL HÁBITO DE
USAR EL DINERO A LA MANERA DE DIOS

PASAJE GUÍA

Porque donde esté tu tesoro, allí también estará tu corazón.
Mateo 6:21

El hábito de Jesús de usar el dinero a la manera de Dios significa tomar la decisión de destinar su dinero para sostener el reino de Dios, satisfacer sus propias necesidades y las de su familia y ahorrar para el futuro.

Jesús nos mostró cómo usar el dinero a la manera de Dios

Jesús demostró cómo Dios espera que cada uno de nosotros administre su dinero y sus posesiones. Jesús comprendió las bendiciones y los peligros del dinero.

Jesús pagó sus deudas

Cuando ellos llegaron a Capernaúm, fueron a Pedro los que cobraban el impuesto del templo y dijeron:

—¿Vuestro maestro no paga el impuesto del templo?

Él dijo:

—Sí.

Al entrar en casa, Jesús le habló primero diciendo:

> *El 15% de todo lo que Cristo dijo se relaciona con el dinero y las posesiones, y ocupa más espacio que sus enseñanzas acerca del cielo y el infierno. ¿Por qué Jesús puso tanto énfasis en el dinero y las posesiones? Porque hay una conexión fundamental entre nuestra vida espiritual y el modo en que nosotros pensamos y administramos el dinero. Podemos tratar de divorciar nuestra fe de nuestras finanzas, pero para Dios son inseparables.*
> —Randy Alcorn[1]

—¿Qué te parece, Simón? Los reyes de la tierra, ¿de quiénes cobran los tributos o los impuestos? ¿De sus hijos o de otros?

Pedro le dijo:

—De otros.

> *Definimos nuestro estilo de vida por lo que ganamos. Definimos nuestra vida por lo que damos.*
> *—Winston Churchill[2]*

Jesús le dijo:

—Luego, los hijos están libres de obligación. Pero, para que no los ofendamos, ve al mar, echa el anzuelo, y el primer pez que suba, tómalo. Cuando abras su boca, hallarás un estatero. Tómalo y dalo por mí y por ti (Mateo 17:24-27).

Mostradme la moneda del tributo.

Ellos le presentaron un denario.

Entonces él les dijo:

—¿De quién es esta imagen y esta inscripción?

Le dijeron:

—Del César.

Entonces él les dijo:

—Por tanto, dad al César lo que es del César, y a Dios lo que es de Dios.

Al oír esto, se maravillaron; y dejándole, se fueron (Mateo 22:19-22).

Jesús estaba dispuesto a pagar sus deudas. Él comprendió sus obligaciones terrenales y cumplió cada una de ellas. Él pagó sus impuestos.

Jesús comprendió los peligros del dinero

No acumuléis para vosotros tesoros en la tierra, donde la polilla y el óxido corrompen, y donde los ladrones se me-

---

RICHARD PRYOR LLAMA A DIOS

El comediante Richard Pryor se quemó severamente en un accidente ocurrido en 1980. Cuando posteriormente apareció en el programa de Johnny Carson, afirmó que cuan- do una persona está seriamente enferma, el dinero no es importante. "Todo lo que yo podía pensar fue en llamar a Dios. No llamé ni una sola vez al *Bank of America*"[3].

ten y roban. Más bien, acumulad para vosotros tesoros en el cielo, donde ni la polilla ni el óxido corrompen, y donde los ladrones no se meten ni roban. Porque donde esté tu tesoro, allí también estará tu corazón...

Nadie puede servir a dos señores; porque aborrecerá al uno y amará al otro, o se dedicará al uno y menospreciará al otro. No podéis servir a Dios y a las riquezas (Mateo 6:19-21, 24).

Entonces al mirarlo Jesús, le amó y le dijo:

—Una cosa te falta: Anda, vende todo lo que tienes y dalo a los pobres; y tendrás tesoro en el cielo. Y ven; sígueme (Marcos 10:21).

Y les dijo:

—Mirad, guardaos de toda codicia, porque la vida de uno no consiste en la abundancia de los bienes que posee (Lucas 12:15).

Jesús advirtió acerca de los peligros de poner nuestra confianza

---

FELICIDAD EN LOS ARCOS DORADOS

Cuando llevamos a nuestros niños al sagrado lugar de los "arcos dorados", ellos siempre anhelan la comida que viene con un premio pequeño y barato; una combinación de religión y del genio de la mercadotecnia: la "cajita feliz". En esas ocasiones, usted no sólo compra papas fritas, hamburguesas y la estampilla de un dinosaurio: usted está comprando felicidad. La publicidad les ha hecho creer a mis hijos que hay un pequeño vacío en sus almas que sólo McDonald's puede llenar: "¡Nuestros corazones no descansarán hasta que encuentren una 'cajita feliz'!". He tratado de orientarlos en otra dirección. Les he dicho que sólo pidan comida y que yo les daré los 25 centavos para que se compren el juguete que ellos elijan. Pero el lamento aumenta: "¡Yo quiero una 'cajita feliz'!". Todos los presentes en el restaurante levantan la vista para ver quién es ese tacaño, avaro y desconsiderado padre que le niega a su hijo una comida llena de gozo. El problema con la "cajita feliz" es que la felicidad se acaba pronto y tiene que ser repuesta. Ningún niño recuerda la felicidad que tuvo cuando consiguió la última "cajita feliz". Jamás los oí decir: "¿Recuerdas aquella 'cajita feliz'? ¡Qué alegría tan grande tuve!". Lo cierto es que la "cajita feliz" sólo le trae felicidad a McDonald's. ¿Se ha preguntado alguna vez porque Ronald McDonald siempre tiene ese gesto de felicidad? ¡20 millones de "cajitas felices"! ¡Esa es la razón! Cuando usted crezca, no será más feliz, pero la "cajita feliz" costará mucho más[4].

> *En algún momento, cada uno de nosotros tendrá que dejar todas sus posesiones terrenales. Sin embargo, decidir a quién se las dejamos es un signo de nuestro compromiso con el reino de Dios.*
> —*Charles Stanley*

en el dinero; y nos mostró cómo poner nuestra confianza en Dios e invertir en la eternidad usando el dinero para los propósitos de su reino. Jesús sabía que nuestro corazón, nuestra atención y nuestra pasión estarían destinados a temer por la inversión de nuestro dinero.

Con el joven rico, Jesús demostró que el dinero y las posesiones pueden ocupar fácilmente el lugar de Dios y, por lo tanto, pueden costar el alma. No es un pecado ser rico; pero sí es pecado que el dinero ocupe el lugar de Dios en nuestra vida.

Jesús demostró que cuando usted pone a Dios en primer lugar, todas las otras necesidades serán satisfechas

Más bien, buscad primeramente el reino de Dios y su justicia, y todas estas cosas os serán añadidas (Mateo 6:33).

Vosotros, pues, no busquéis qué habéis de comer o qué habéis de beber, ni estéis ansiosos. Porque todas estas cosas busca la gente del mundo; pero vuestro Padre sabe que necesitáis estas cosas. Más bien, buscad su reino, y estas cosas os serán añadidas...

Porque donde esté vuestro tesoro, allí también estará vuestro corazón (Lucas 12:29–31, 34).

Jesús nos demostró que cuando ponemos a Dios en primer lugar, cada necesidad de nuestro cuerpo será satisfecha; cada *necesidad*, no cada *deseo*. Nuestra responsabilidad es obedecer; la de Dios es cumplir con su Palabra, y él siempre cumple lo que dice.

EL DINERO PUEDE COMPRAR...

...una cama, pero no sueño.
...libros, pero no inteligencia.
...comida, pero no apetito.
...joyas, pero no belleza.
...una casa, pero no un hogar.
...medicina, pero no salud.
...lujos, pero no cultura.
...entretenimiento, pero no felicidad.
...un crucifijo, pero no un Salvador.
...religión, pero no salvación.
...una buena vida, pero no la vida eterna.
...un pasaporte para ir a donde quiera, pero no al cielo[5].

Jesús nos demostró que nadie puede dar más que Dios.

Dad, y se os dará; medida buena, apretada, sacudida y rebosante se os dará en vuestro regazo. Porque con la medida con que medís, se os volverá a medir (Lucas 6:38).

Jesús sabía que cuando obedecemos a Dios y tenemos fe en él, él nos bendecirá mucho más que lo que nosotros le hemos dado. A Dios le encanta bendecir a sus hijos obedientes.

¿Cuáles son los enemigos del hábito de usar el dinero a la manera de Dios?

1. Egoísmo: "Es mi dinero, yo me lo gané y es todo mío".
2. Avaricia: "Yo deseo usar mi dinero para lo que yo quiero. ¿Por qué debo dárselo a otro? Nadie ha hecho nada por mí".
3. Preocupación: "Temo que si doy mi dinero a Dios no podré pagar mis cuentas".
4. Deudas: "Me gustaría usar mi dinero a la manera de Dios, pero tengo muchas deudas".

Fórmese el hábito de usar el dinero a la manera de Dios

1. Transfiera la propiedad de su dinero y sus posesiones a Dios.

Consciente y voluntariamente, dígale a Dios que todo lo que usted tiene se lo entrega a él. De aquí en adelante usted será sólo el administrador de los recursos de Dios, anteriormente conocidos como "míos".

2. Usted no puede darle más a Dios, pero sea feliz intentándolo.

Dios suple cada necesidad de nuestra vida cuando lo ponemos a él en el primer lugar. A Dios le encanta proveer para todas nuestras

---

EL ALMIRANTE HABLA

David Robinson, gran estrella de basquetbol, apodado "el almirante", alimenta a muchas personas desamparadas por medio de su programa "Alimenta mis ovejas", y ayuda a familias necesitadas para que tengan pañales y comida para sus niños a través de un programa de auxilio llamado "El proyecto de Rut". Robinson comenta sobre esos programas de generosidad: "Para mí, no son un sacrificio. Si me aferro a mi dinero con las dos manos, ¿cómo puedo tener las manos libres para abrazar a mi esposa y a mis hijos?"[6].

necesidades cuando lo obedecemos en el área de las finanzas. Las Escrituras están llenas con las promesas de las múltiples bendiciones para aquellos que dan como Dios lo hace.

> **No hay nada de malo en poseer dinero a menos que el dinero lo posea a usted.**
> **—Norman Vicent Peale**

3. Recuerde: dar a Dios es un asunto de fe y obediencia, no de dinero.

Dios no necesita nuestro dinero. Dios puede vivir perfectamente sin él. Sin embargo, él desea nuestra fe y obediencia para poder cumplir su propósito en y a través de nosotros. El dinero es, frecuentemente, el instrumento por el cual la fe y la obediencia son demostradas.

4. Pregúntese con frecuencia: ¿He puesto a Dios antes que mi dinero y mis cosas?

Recuerde la advertencia de Jesús sobre cuán fácilmente el dinero puede tomar el lugar más prominente en nuestra vida. Eso será una lucha constante. Haga un inventario y trate de responderse esta pregunta: "¿El dinero ha llegado a ser más importante para mí que Dios y mi familia?".

5. Sea generoso; rehúse ser un egoísta.

Mísero viene de la misma raíz que la palabra *miserable*. Las personas generosas son personas felices. Jesús nos dijo: "Mas bienaventurado es dar que recibir" (Hechos 20:35). No mantenga su mano agarrada a ninguna cosa material.

6. Diezmar es la base mínima según la Biblia.

Jesús confirmó la práctica de diezmar:

> ¡Ay de vosotros, escribas y fariseos, hipócritas! Porque entregáis el diezmo de la menta, del eneldo y del comino; pero habéis omitido lo más importante de la ley, a saber, el juicio, la misericordia y la fe. Era necesario hacer estas cosas sin omitir aquéllas (Mateo 23:23).

El diezmo fue establecido aun antes de la ley del Antiguo Testamento. La gracia de dar implica el diezmo y mucho más. Establezca la práctica de diezmar, y una gran paz y bendiciones le seguirán.

7. Desarrolle un plan de ahorro hoy mismo.

Tenga como meta ahorrar el 10% de sus ingresos. Comience con lo que pueda y luego trabaje hacia esa meta. Planificar para el futuro es un principio bíblico.

8. Ofrende más allá de su diezmo para apoyar otros ministerios.

Encuentre ministerios de alto impacto para el reino de Dios a los cuales usted pueda contribuir y ayudar. Sólo asegúrese de que esas organizaciones

> *El dinero es, en algunos aspectos, como el fuego: excelente como siervo, pero terrible como patrón.*
> —*P. T. Barnum*

estén bíblicamente orientadas y sean confiables para administrar las finanzas.

9. Comprométase a pagar sus deudas a tiempo.

Los cristianos deben tener una reputación impecable en cuanto al pago de sus cuentas personales. Nuestra credibilidad y la de Jesucristo están frecuentemente unidas a la manera como manejamos nuestras deudas.

10. Recuerde: algunas cosas son más importantes que el dinero.

Estas son algunas cosas que el dinero no puede comprar: una relación con Dios, amigos, una buena reputación y la salud. Ponga en primer lugar aquellas cosas que el dinero no puede comprar.

NOTAS

Introducción

1. Napoleón Bonaparte, citado en *The Book of Jesus*, editado por Calvin Miller (Nueva York; Touchstone, 1996, 1998), pp. 63, 64.

2. Raymond McHenry, *McHenry's Stories for the Soul* (Peabody, Mass.: Hendrickson Publishers, 2001), p. 138.

3. "I Am a Habit", cita anónima.

4. George Barna, *Think Like Jesus* (Brentwood, Tenn.: Integrity, 2003), p. 14.

Capítulo 1. El hábito de aislarse

1. Daniel DeNoon, "Songs Stick in Everyone's Head", 27 de febrero de 2003, *WebMD Medical News*, pp. 1, 2.

2. Management Digest, julio de 1989; www.christianglobe.com.

Capítulo 2. El hábito de orar

1. The Presidencial PrayerTeam, www.presidentialprayer.org?id=9.

Capítulo 3. El hábito de adorar

1. Neil MacQueen, "To Good to Be True–The Life Benefits of Regular Church Attendance", www.sundaysoftware.com/stats.htm.

2. Thomas Rainer, *Surprising Insights from the Unchurched and Proven Ways to Reach Them* (Gran Rapids, Mich.: Zondervan, 2001), p. 33.

3. George Barna, *Grow Your Church from the Inside Out* (Ventura, Calif.: Regal Books, 2002), p. 32.

4. Neil MacQueen, "To Good to Be True–The Life Benefits of Regular Church Attendance", citado por Barna Research Group, www.barna.org.

5. Ibíd.

6. Amber Johnson, "Want Better Grades? Go to Church", *Christianity Today*, 21 de mayo de 2002, p. 60.

Capítulo 4. El hábito de construir relaciones

1. Fred Sigle, Evangelism, www.sermoncentral.com.
2. Dale Carnegie, *Cómo Ganar Amigos e Influir sobre las Personas* (New York, Simon and Shuster, 1936), p. 58.
3. Citado por *Baptist Program*, agosto de 1991, p. 23.
4. Citado por Ron Parrish, sermón en Hope Chapel, Austin, Texas, 19 de noviembre de 1994.
5. John Mark Ministries, citando a Bryan G. Dyson, Ceremonia de graduación del Georgia Tech en 1972, 6 de septiembre 1991, www.pastor.net.au/jmn/articles/9992.htm.

Capítulo 5. El hábito de tocar

1. Kathleen Keating, *The Hug Therapy Book* (Minneapolis, Minn.: Compcare Publishers, 1983), pp. 11-14.
2. Alan Smith, www.dailly-blessings.cm/bless419.htm.

Capítulo 6. El hábito de confrontar

1. Marabel Morgan in "Homeside", febrero 1987, citado en www.sermonilustrations.com, www.christianglobe.cvon/illustrations/thedetails-.asp?whichone=c&wichfile=confrontation.

Capítulo 7. El hábito de desafiar el statu quo

1. Jay Livingston y Ray Evans, canción "Qué será, será" escrita para Alfred Hitchcock para la nueva versión de su película "El hombre que sabía demasiado" filmada en 1956 (la producción original fue realizada en 1934) con la actuación estelar de Doris Day y James Stewart. Grabada con la voz de Doris Day.
2. Ed Rowell, de *The Tennessean*, 12 de septiembre de 1999.
3. Robert D. Dale, *To Dream Again* (Nashville: Broadman, 1981), p. 20.
4. Mark Eppler, *The Wright Way* (New York: AMACOM, 2004), pp. 95, 107.

Capítulo 8. El hábito de escuchar

1. "Hearing God, Preaching Today" www.biblecener.com/illustratios/-hearinggod.htm.
2. Raymond McHenry, *McHenry's Quotes, and Other Notes* (Peabody, Mass.: Hendrickson Publishers, 1998), p. 49.
3. www.wow4u.com/communication

Capítulo 9. El hábito de amar

1. Craig Brian Larson, ed., "The Graham's Unexpected Hospitality", *Perfect Illustrations* (Wheaton, Ill.: Tyndale House Publishers, 2002), pp. 182, 183.

2. James Botts, "Love", www.sermoncentral.com.

3. Dave Barry, "Birds Suddenly Appear", *The Story File 199*, tomado del *Book of Bad Songs* (Kansas City, Mo.: Andrews McMeel Publishing, 2000).

Capítulo 10. El hábito de ser agradecidos

1. Roy B. Zuck, *The Speaker's Quote Book* (Grand Rapids, Mich.: Kregel, 1997), p. 381.

2. "Thankfulness", www.sermoncentral.com, proporcionado por Try Mason.

Capítulo 11. El hábito de tener fe

1. www.Christianglobe.com/illustrations, abril de 2004.

2. Craig Brian Larson, ed., "The Giver's Big Hands", *More Perfect Ilustrations* (Wheaton, Ill.: Tyndale House, 2003), p. 305.

3. Ibíd., "Praying in Faith", p. 96.

Capítulo 12. El hábito de motivar

1. Craig Brian Larson, ed., "Motivation", *More Perfect Ilustrations* (Wheaton, Ill.: Tyndale House, 2003), p. 188.

2. Roy B. Zuck, *The Speaker's Quote Book* (Grand Rapids, Mich.: Kregel, 1997), p. 265.

3. Raymond McHenry, *McHenry's Stories for the Soul* (Peabody, Mass.: Hendrickson Publishers, 2001), p. 47.

Capítulo 13. El hábito de manejar la crítica efectivamente

1. Raymond McHenry, *McHenry's Stories for the Soul* (Peabody, Mass.: Hendrickson Publishers, 2001), pp. 60, 61.

2. El finado T. W. Wilson fue asistente ejecutivo de Billy Graham.

3. Marshall Shelley, *Well Intentioned Dragons* (Carol Stream, Ill.: Christianity Today, 1988), p. 61.

Capítulo 14. El hábito de dar prioridad a la familia

1. www.Sumnerwemp.com, abril de 2004.

2. Craig Brian Larson, entrevista con James Dobson, "The Family in Crisis", *Focus on the Family*, agosto del 2001, *More Perfect Illustrations* (Wheaton, Ill.: Tyndale House, 2003), pp. 97, 98.

3. Citado por Paul Fritz, del Departamento de Desarrollo Humano y Familia de la University of Nebraska-Lincoln, "Family", www.sermoncentral.com.

Capítulo 15. El hábito de obedecer

1. Tom Neven, "A Doer of the Word", *Focus on the Family*, septiembre

del 2000, en el libro de Craig Brian Larson, ed., *More Perfect Illustrations* (Wheaton, Ill.: Tyndale House, 2003).

2. Colin Smith, pastor de *Arlington Heights Evangelical Free Church*, Arlington Heights, Illinois.

3. Eugene Peterson, *A Long Obedience in the Same Direction* (Downers Grove, Ill: InterVarsity Press, 1980), p. 12.

Capítulo 16. El hábito de honrar al gobierno

1. Extractos de "Vast Majority in U.S. Support 'Under God'", 30 de junio 2002. http://www.cnn.com/2002/US/06/29/poll.pledge/index.html.

2. Charles Swindoll, *The Quest for Character* (Grand Rapids, Mich.: Zondervan, 1993), p. 70.

3. "Our Nation's Godly Heritage", http://www.presidentialprayerteam.org/index/text.htm, 22 de agosto de 2002.

4. David R. Lewis, citando el "Commentary on the Pledge of Allegiance" de Red Skelton, www.usflag.org/skeltonspledge.html.

Capítulo 17. El hábito de hacer preguntas

1. Elisabeth Elliot, *Keep a Quiet Heart* (Ventura, Calif.: Vine Books, 1995).

2. "Silly Lawyers", *Salt Lake Tribune*, www.geocities.com/collegepart-/6174/tranqui2.htm.

Capítulo 18. El hábito de alegrarse

1. Roy B. Zuck, *The Speaker's Quote Book* (Grand Rapids, Mich.: Kregel, 1997), p. 221.

2. Bruce Marchiano, *In the Footsteps of Jesus,* www.sermoncentral.com, una contribución de Randal Deal.

3. *USAWeekend,* 15 de julio de 1994, p. 5.

Capítulo 19. El hábito de decir la verdad

1. Enviado por Michael W. Owenby, *USAToday,* 28 de agosto del 2001.

2. Dr. Perry Buffington, psicólogo y escritor, *"Playing Charades"*, Universal Press Syndicate, 26 de septiembre de 1999.

Capítulo 20. El hábito de descansar

1. Tim Hansel, *When I Relax I Feel Guilty* (Elgin, Ill.: David C. Cook, 1979), p. 30.

2. Gary Yates, Roanoke, Virginia; referencias de Martin Moore-Ede, "The Twenty-four-Hour Society", *Circadian Information,* 1993.

3. National Sleep Foundation, "Sleep Facts and Stats", www.sleepfoundation.org/NSAW/pk-sleepfacts.cfm.

4. Craig Brian Larson, Ed., *More Perfect Illustrations* (Wheaton, Ill.: Tyndale House, 2003), p. 239.

Capítulo 21. El hábito de actuar varonilmente

1. www.sermoncentral.com, contribución de Jeffrey Benjamin.
2. Cita de *Men's Health*, citado en *Parade Magazine*, 29 de dicembre de 1991, p. 5.
3. www.sermoncentral.com, contribución de Davon Huss.
4. Ted Engrstrom, *The Making of a Christian Leader*, citado por Charles R. Swindoll, *Swindoll's Ultimate Book of Illustrations and Quotes* (Nashville, Tenn.: Thomas Nelson Publishers, 1998), pp. 304, 305.
5. "Men vs. Women", www.basicjokes.com/djoke.

Capítulo 22. El hábito de demostrar aprecio a las mujeres

1. Helen Foster Snow, "Bound Feet and Straw Sandals", *Woman in Modern China* (París: Mouton, 1967).
2. Alvin J. Schmidt, *Under the Influence, How Christianity Transformed Civilization* (Grand Rapids, Mich.: Zondervan, 2001), p. 122.
3. "Lack of Courtship Rules Leaves College Women in a Muddle", *Washington Post*, julio 30, 2001. Sometido por Melissa Parks, Des Plaines, Illinois.
4. www.sermoncentral, contribución de Chad Wright.
5. Ed Young, *Romancing the Home* (Nashville: Broadman & Holman, 1994), pp. 152-154. (Publicado en español como *Aventura conyugal*. Editorial Mundo Hispano).

Capítulo 23. El hábito de dar

1. Jack Hyles, sermón del domingo por la noche, 29 de septiembre de 1974.
2. Ground Zero, http://www.gzyouth.com/fowards/Quotes.asp.
3. Raymond McHenry, *McHenry's Stories for the Soul* (Peabody, Mass.: Hendrickson Publishers, 2001), p. 121.

Capítulo 24. El hábito de ser bondadoso

1. *Houston Post*, 29 de octubre de 1993, A-6.
2. Charles Allen, *The Miracle of Love* (Old Tappan, N. J.: Fleming H. Revell, 1972), p. 19.
3. "Don't Shoot the Wounded! Kindness", www.summerwemp.com, abril de 2004.

Capítulo 25. El hábito mantenerse físicamente bien

1. Adaptación de Arthur Blessitt, www.arthurblessitt.com/jesuswalked.html y TheCrucifixion.com, "Study on the Physical Death of Jesus Christ", un artículo de JAMA escrito por William D. Edwards, MD, Wesley J. Gabel, MDiv., Floyd E Hosmer, MS, AMI, "Health of Jesus", www.frugalsites.net/jesus.

2. Ibíd.
3. Kenneth H. Cooper, *The Aerobics Way* (Toronto: Bantam, 1977), p. 176.
4. *Houston Post*, 29 de enero 1994, B-2.
5. www.hleewhite.mybravenet.com/Just_Funny/A_Dieters_Prayer, citado por Stephen A. Pickert, M. D.
6. Ibíd.

Capítulo 26. El hábito de cumplir con la palabra dada

1. Lewis Smedes, *"The Power of Promises"*, A Chorus of Witnesses, editado por Long and Plantinga (Grand Rapids. Mich.: Eerdmans, 1994).
2. Robert C. Shannon, 1000 *Windows* (Cincinnati, Ohio: Standard Publishing, 1997), p. 200.
3. John Ashcroft, *Lessons from a Father to His Sons* (Nashville, Tenn.: Thomas Nelson, 1998).

Capítulo 27. El hábito de tener compañerismo

1. John Fawcet, "Sagrado es el amor", 260 Himnario Bautista (El Paso, Texas: Casa Bautista de Publicaciones).
2. Robert J. Morgan, "Blest Be the Tie that Binds", *Nelson's Complete Book of Stories, Illustrations and Quotes* (Nashville, Tenn.: Thomas Nelson, 2000), pp. 326, 327.

Capítulo 28. El hábito de usar las Escrituras

1. George Barna, *Think Like Jesus* (Brentwood, Tenn.: Integrity, 2003), pp. 153, 154.
2. Floyd Schneider, *Evangelism for the Fainthearted* (Grand Rapids, Mich.: Kregel, 2000); citado en *Men of Integrity*, marzo/abril del 2001.
3. Citado por Tabitha Soren, *USA Weekend*, 13 de junio de 1999.
4. Jim Dyer and Jim Russel, *Overcoming Subtle Sins* (Lansing, Mich.: The Amy Fundation, 2002), pp. 41, 42.

Capítulo 29. El hábito de vivir con propósito

1. C. S. Lewis, Cristianismo… ¡y nada más! (Miami, Fl.: Editorial Caribe 1977), pp. 59, 60.
2. Rick Warren, *Una vida con propósito* (Grand Rapids, Mich.: Vida, 2002), p. 17.
3. Raymond McHenry, *McHenry's Quips, Quotes and Other Notes* (Peabody, Mass.: Hendrickson, 1998), pp. 204, 205.

Capítulo 30. El hábito de ayunar

1. George Barna, *Think Like Jesus* (Brentwood, Tenn.: Integrity, 2003), pp. 153, 154.

2. *Moody Monthly,* junio de 1992, p. 16.

3. www.wclc.org.uk/sermon/fasting/3.html.

4. John Piper, *A Hunger for God* (Wheaton, Ill.: Crossway Books, 1997), p. 71.

Capítulo 31. El hábito de usar el dinero a la manera de Dios

1. Randy Alcorn, *The Treasure Principle* (2001), p. 8.

2. Winston Churchill, citado en *USAToday,* 10 de noviembre 2000, 3B; enviado por Rubel Shelly; Nashville, Tenn.

3. Peter Graystone, "Ready Salted", *Scripture Union,* 1998, p. 114; enviado por David Holdaway; Stonehaven, Kincardinshire, Scotland.

4. Craig Brian Larson, ed., *Perfect Illustrations* (Wheaton, Ill.: Tyndale House, 2002), pp. 123, 124, citando "Pursuit of Happiness", en John Ortberg, *Dangers, Toils & Snares.*

5. Robert J. Morgan, ed., *Nelson's Complete Book of Stories, Illustrations, & Quotes* (Nashville, Tenn.: Thomas Nelson Publishers, 2000), p. 575.

6. Adaptación de Rick Reilly, "Spur of the Moment", *Sports Illustrated,* 23 de junio de 1999.